FUNDAMENTOS DE TRABAJO SOCIAL

Intervención social con personas, familias y comunidades

Tercera Edición revisada

Sara Zamora Mendoza

Fundamentos de Trabajo Social
Tercera Edición
Septiembre de 2022

Primera Edición agosto de 2013
Segunda Edición octubre de 2017
Tercera Edición septiembre de 2022

Si desea contactar al autor, puede escribir a:
s.zamora.mendoza@gmail.com

Para quienes a veces, con riesgos y limitaciones, pero cobijados con su profesión, deciden llevar esperanza, herramientas y artilugios a las personas, materializando sociedades más justas...

A mis estudiantes, con especial cariño, por todo lo que me enseñan.

Índice

PREFACIO DE LA TERCERA EDICIÓN

La permanente aspiración de reflejar y de repensar lo que hacemos profesionalmente, en un mundo social desafiante, emocionante y complejo, ha empujado la tercera edición del libro de Fundamentos. Es cierto que la revisión no se ha terminado, no se termina nunca, pero la tabla de salvación es que este trabajo intenta recoger los elementos básicos de lo que se ha hecho en Trabajo Social tradicionalmente. Es un afán sencillo de reflejar un momento histórico de la profesión, forjada por las y los trabajadores sociales de los más diversos campos de intervención, por las y los grandes pensadores y escritores de la misma, y, sobre todo, es resultado de probar haciendo. Una buena parte, haciendo con estudiantes, que siempre agregan una mirada nueva y fresca a lo clásico y tradicional. Soy muy consciente de lo mucho que hay qué mejorar en esta propuesta, pero espero estar contribuyendo a señalar un faro en el camino de quienes se inician en Trabajo Social, o una perspectiva a quienes quieran reflexionarlo críticamente. Si eso no fuera posible, por lo menos es claro que el presente libro es un testimonio de pasión y entrega, al quehacer que busca mejorar las condiciones de las personas en sus entornos sociales.

Sara Zamora Mendoza
Querétaro, México, agosto de 2022.

PREFACIO DE LASEGUNDA EDICIÓN

La presente edición es el resultado de diversas contribuciones sobre las necesidades de consulta de los trabajadores sociales, así como de la experiencia vivida al recorrer espacios gremiales, institucionales y universitarios en distintos lugares de México y Latinoamérica, en la construcción colectiva del trabajo social. Surge principalmente con la idea de matizar una propuesta práctica y actual de su ejercicio profesional y sus desarrollos disciplinares, en un mundo cambiante y una sociedad palpitante, en donde sin duda son necesarios nuevos aportes, nuevas propuestas de intervención en contextos no habituales. Sin embargo, este trabajo no tiene otras pretensiones que encarar el esquema fundamental que nos permita avanzar a objetivos mucho más amplios.

Una de las adiciones más importantes que aporta esta nueva edición, es la que se refiere al *concepto* que hemos venido discutiendo desde la vieja guardia y hasta las nuevas generaciones de profesionales, no como una definición más, sino como una que realmente refleje la especificidad de nuestro trabajo social, y así lo hemos venido planteando en los distintos espacios vividos y disfrutados al tope.

Este mismo renglón nos remite a la básica y permanente pregunta de ¿qué es lo social?, cuya respuesta nos coloca en la posibilidad (tal como se hace con el amor) de sentir, conocer, y en algún momento pensar, delimitar y mover nuestro quehacer profesional, para apropiarnos de él —o tener la ilusión de hacerlo. Queda pues, un abordaje de ello, simple y siempre abierto.

Sara Zamora Mendoza
Santiago de Querétaro, octubre de 2017

PREFACIO DE LA PRIMERA EDICIÓN

Este texto surgió como una aspiración modesta pero persistente de aportar, aunque sea un poquito, al quehacer profesional; es una exposición breve sobre la práctica social, pero antes que cualquier otra cosa, es un intento de contribuir al *estudio introductorio del Trabajo Social.*

En los años de la práctica institucional, del ejercicio docente y del trabajo en los espacios gremiales, he podido percibir la necesidad no sólo de textos sencillos que permitan comprender e iniciarse en el trabajo social, sino simplemente de *textos.* De la disponibilidad de textos. En el ámbito común y en el contexto inmediato, cuando no se habita en las grandes ciudades, es muy difícil conseguir un libro de Trabajo Social. Es difícil también, conseguirlo con temas básicos.

El propósito del presente escrito es pues, acercar a las y los trabajadores sociales profesionales y especialmente a los estudiantes de Trabajo Social, una propuesta por dónde comenzar; un libro muy básico que les deje un panorama general del quehacer profesional, con todos los sesgos que ello significa. La probable falta de profundidad, es un riesgo que asumo a cambio de lo abarcativo de lo expuesto.

Es un texto que basa los temas en los programas académicos vigentes, bastante homogéneos, del nivel medio superior (en México, Trabajo Social técnico), así como también del nivel superior (licenciatura), que son programas mucho más diversos por las propuestas de cada universidad autónoma del país.

Este último, el nivel superior, normalmente se compone de una parte que introduce al o la estudiante al mundo disciplinar y profesional. Una parte que, en el ámbito de la educación superior, se conoce como *alfabetización disciplinar.* Esa pretensión tiene este trabajo.

Por supuesto que siempre necesitará el lector profundizar aquellos temas que sean de su interés particular, o que requieran de un tratamiento más completo. De hecho, la segunda intención del presente, es provocar el interés y la duda como fuente de conocimiento, de estudio y de crítica.

Aunque lo expuesto en este trabajo tiene una connotación teórica, confío y deseo que tenga una utilidad práctica para estudiantes, maestros y profesionales en su día a día.

Sara Zamora Mendoza
Santiago de Querétaro, agosto de 2013.

INTRODUCCIÓN

Históricamente el Trabajo Social ha sido más acción que teoría. Se dice que nos hemos ocupado más del hacer que del pensar. Sin embargo, cualquier práctica que no se conceptualiza, que no se reflexiona y que no tiene un sentido totalizante, no es sino un montón de acciones parcializadas que en poco o nada inciden en la realidad.

Hoy los grandes desafíos para el Trabajo Social siguen siendo conceptualizar y reflexionar, más que desde la investigación acerca de nuestra disciplina o de los problemas sociales, desde el encuadre conceptual íntimo y personal que cada profesional tiene que hacer. Hay que construir nuestra práctica desde una perspectiva más amplia que la cotidianeidad institucional, no porque esta sea menos válida, al contrario, porque es el último destino de la teoría.

Por ello, en estos *fundamentos del Trabajo Social* se propone una revisión de los temas básicos de la disciplina para que el profesional *novato* o estudiante se asome a los conceptos, y el profesional *experimentado* o de larga data en la práctica profesional, se refresque recordando lo que estudió hace algunos ayeres.

En la primera parte del libro se plantea la conceptualización del Trabajo Social, haciendo un encuadre de la definición, objeto de estudio, objeto y sujetos de intervención, así como la identidad, el perfil profesional, el código deontológico y las áreas de intervención profesional.

Se revisan también las corrientes interpretativas que señalan el desarrollo histórico, el posicionamiento y el origen de la disciplina.

Después de ese preámbulo, se hace una introducción a las bases científicas del quehacer profesional en el tema de la *ciencia*, la investigación social, y la teoría social, indispensables para dar lectura a la realidad en la cual se deberá intervenir.

En el apartado de investigación social, se pretende apenas acercar al profesional a esa tarea impostergable, aclarando que es obligada la lectura de trabajos mucho más reflexivos y profundos de tantos trabajadores sociales investigadores que hoy enaltecen a la profesión.

Como parte medular del texto, se aborda el *cómo se hace* el Trabajo Social, en el tema de su metodología, sus técnicas e instrumentos, dedicando un espacio importante al diagnóstico social como medio de aproximación a la realidad, que la labor cotidiana requiere.

Finalmente, se revisa un tema indispensable para el ejercicio de la profesión: las políticas sociales y las instituciones, que representan en primer lugar un pilar importante en la fundamentación y postura política del profesional, y en segundo término, el espacio final en los nichos productivos del trabajador social.

Capítulo 1

I.   Conceptualización del Trabajo Social

Hablar de las profesiones en general y de Trabajo Social en particular nos remite al origen de las profesiones modernas en el sentido que propone Max Weber como expansión burocrática de todas las relaciones de autoridad públicas y privadas, provista de conocimientos expertos y habilidades que debe alcanzar un especialista para ejercer un rol determinado en la estructura social y dentro de las instituciones educativas (Weber, 1985).

Así, en las profesiones modernas existen "elementos centrales que vinculan estrechamente el quehacer de *las ciencias, las instituciones formadoras y el mercado"* (Aguayo, 2006). Es decir, trasladan los recursos de un orden científico educativo (en el más alto nivel del sistema oficial) a un orden socio económico (sobre el mercado de trabajo, posición social o jerarquía burocrática) en la división socio técnica del trabajo. En su devenir histórico dentro de la organización social, los profesionales serían "mediadores entre el debate epistemológico-metodológico y las fronteras ético-políticas de la acción". Lo que podríamos ubicar como el saber, saber hacer y el ser.

Precisamente, para dimensionar al Trabajo Social es necesario encuadrarlo en sus ámbitos teórico, práctico y ético-político. Este último partiendo de que su ubicación media entre los sujetos sociales portadores de necesidades-demandas y los sujetos sociales portadores de recursos y satisfactores. Citando a Mari Carmen Mendoza, esta es una ubicación profesional y no una posición ideológica, pero desde luego puede involucrar el proyecto político de cada profesional en particular (Mendoza, 1990).

1.1 ¿Qué es "lo social"?

El sentido de *lo social* es una característica inherente a la profesión y parte de su propia nomenclatura, por ello entender su significado es de vital importancia no sólo para definir al Trabajo Social, sino también para delimitar su especificidad, es decir aquello de lo que se ocupa esta profesión y ninguna otra, aun cuando por supuesto, no es la única disciplina que se ocupa de la vida social y su dinámica.

En realidad, no existe algo que pudiéramos llamar tradición epistemológica para definir "lo social", aunque sí para definir la sociedad y los distintos tipos de ella.

Algunos teóricos como Kosik en 1976, Moscovici en 1987, Kisnerman en 1998, Maturana en 1998, Cazzaniga en 2003 y Carballeda en 2004, coinciden en lo social como una necesidad humana de interacción con los otros, solidaridad entre las personas que conforman el conglomerado social y la inclinación a proteger a sus miembros más vulnerables; también coinciden en la complejidad de las relaciones humanas cuando se forma un conjunto de individuos con sus propias subjetividades. Es decir, se refieren a lo social como un espacio de intersubjetividades, generalmente apuntando a la colectividad o a "lo comunitario".

En un estudio en Colombia, por ejemplo, se preguntó a trabajadores sociales sobre el concepto de "lo social". El resultado refleja que hay ambigüedad en el término, y respuestas como "no haberlo pensado con detenimiento", mientras que para otros lo social implica "población con algún tipo de problemática", o "espacio de participación entre grupos y comunidades" (Campos, A., 2008).

Sin embargo, según la presente propuesta, *lo social* significa una determinada concepción de los seres humanos en sociedad. Se refiere a una implicación histórico-política que ubica a la persona como centro de las sociedades, dotada de derechos y obligaciones que surgen en primera instancia, de relaciones de poder, mayormente representadas en su relación con el aparato del Estado. Por ello lo social es esa parte que configura el estatus de la persona o grupo no solo como individuos, sino como *sujetos sociales*.

Para comprender el alcance de lo que llamamos "lo social" hay que remitirnos a dos grandes conceptos históricos: el *Contrato social*, y la llamada *Cuestión social*. Veamos.

Contrato social: Aunque la idea de gobernantes y gobernados ya era tratada en la antigüedad (se explicaba con un origen divino natural), la modernidad lo ubica como producto de una convención o "pacto" libremente determinado, que legitima el poder civil.

Como sabemos, la propuesta más importante sobre el contrato social es de Jean-Jacques Rousseau (1712-1778) quien explica el origen y propósito del Estado y apunta que, para vivir en sociedad, las personas pactan un convenio implícito, en donde renuncian a su libertad en estado de naturaleza, a cambio de ciertos derechos y protección. El Estado es la entidad <u>creada</u> para hacer cumplir el contrato y tiene sus propias obligaciones, comenzando así la sutil fundación de las formas de coerción con las que el Estado se impone, y en donde la sociedad es entendida como un sistema equitativo de cooperación.

Desde luego hay otras perspectivas (véase el capítulo sobre el Estado), pero este panorama, nos remitiría a las relaciones de poder, así como a los derechos y obligaciones de lo que hoy conocemos como binomio Estado-sociedad, sin perder de vista una tercera fuerza: *El mercado*.

Cuestión social: Es justamente el mercado quien tiene un papel preponderante en la *Cuestión social*, definida como la fundación de las tensiones históricas entre la clase trabajadora y los poderes hegemónicos desde el surgimiento del capitalismo y su impacto en la marginación social. Nacimiento de la clase obrera, cuyo concepto hoy puede ampliarse a *todas las clases trabajadoras*; las que no son dueñas de los grandes medios de producción.

En este orden de ideas, todas las instituciones y espacios de la estructura social tienen su razón de ser en el servicio a las personas, considerando a estas últimas como poseedoras de un carácter dinámico, decisivo y central.

Podemos afirmar que las personas en una sociedad, invariablemente son sujetos politizados y de alguna forma <institucionalizados> (en sentido más amplio que el que refiere a niños en los sistemas de protección del Estado, personas privadas de la libertad, o ancianos en un asilo) porque mantienen una relación estrecha y permanente con las instituciones del Estado y la sociedad. Ya en Max Weber, Pierre Bourdieu o Michel Foucault, el poder juega un papel importantísimo en la vida de los sujetos y las estructuras que por supuesto están compuestas por organizaciones o instituciones.

Finalmente cabe resumir que lo social efectivamente hace referencia a lo relacional, a lo comunitario, pero también, de forma definitoria, al pacto entre Estado y sociedad, al ejercicio del poder, a las contradicciones de la Cuestión social, y a los derechos y obligaciones de los actores.

Lo social remite al carácter **activo** del ser humano que crea y recrea la sociedad en la que vive; remite a la persona que decide intervenir en su medio para administrarlo, redefinirlo, transformarlo, reinventarlo desde su propia concepción política, ética, histórica, normativa y cultural que construye con los otros.

1.2 Concepto de Trabajo Social

Las 140 definiciones que recopila Norberto Alayón (1987), dan cuenta del gran efecto problematizador al definir el Trabajo Social. No profundizaremos en él, sin embargo, es cierto que en la medida que podamos definir quiénes somos y qué hacemos, tendremos una mayor legitimidad que nos posicione, más allá de reflexiones teóricas, *sobre todo* por razones prácticas. Puede ser incluso la diferencia entre hacer una entrevista en una oficina digna o hacerlo en el pasillo de nuestro centro de trabajo.

Antes de proponer nuestro concepto, veamos algunas definiciones representativas.

Escartín y Suárez (1994) señalan que el Trabajo Social es:

Una disciplina de las ciencias sociales que se dedica al estudio y transformación de una realidad social determinada a través de un método propio, que es científico, con el propósito de incidir en esa realidad al objeto de obtener una realidad diferente que dé respuesta a las necesidades de los individuos en sociedad.

Una definición de Nelia Tello:

Disciplina de las Ciencias Sociales que tiene por objeto de estudio la intervención social con sujetos concretos – individuales o colectivos, que tienen un problema o carencia social en un momento determinado. Su acción deviene de lo social y recae en lo social, precísamente en el punto de intersección que genera la relación sujeto-problema-contexto. La intervención de Trabajo Social es una acción racional, intencional, fundada en el conocimiento científico, que tiene por objetivo desencadenar procesos de cambio social; la participación del sujeto es indispensable, para hablar de una acción de trabajo social. (Tello, s/f)

También se sugiere incorporar la definición vigente de la Federación Internacional de Trabajo Social (organismo que agrupa colectivos de trabajo social a nivel global, regulando su práctica). IFSW por sus siglas en inglés.

La propuesta en el presente trabajo plantea que:

El Trabajo Social es una *disciplina* y es una *profesión*, que busca mejorar las *condiciones de vida* de las personas, recurriendo a sus relaciones sociales, con su grupo, en su comunidad, pero también a su *relación con el Estado*. Asume a la *persona* como *ente político* o institucionalizado, y *centro* de las sociedades. Por tanto, trabaja con *sujetos sociales*, y en las potencialidades de los recursos de Estado y sociedad a su favor.

Se define como una *disciplina científica* porque es un conjunto de determinados saberes y generación de nuevos conocimientos que se afianzan en paradigmas y modelos científicos.

Es una *profesión* porque se trata de un conjunto de certificaciones que habilitan a un sujeto como poseedor de capacidades, competencias y valores para realizar una labor específica en la sociedad, afianzado en un modelo económico-social determinado y por supuesto en modelos políticos, culturales y valóricos de un momento histórico.

Así, no sólo es un quehacer que se ocupa de las relaciones de los sujetos, sino que va mucho más allá, porque alude a una condición *política* que configura la relación *personas – Estado*. Ubicación contenida en el término *"lo social"*.

Por tanto, el Trabajo Social no atiende simplemente a individuos y grupos, sino a *sujetos sociales*. Esto implica una carga única y diferente al Trabajo Social como profesión y le da su ***especificidad***. Significa que la mirada profesional, se distingue de la de la psicología, sociología, antropología, derecho, medicina, etc., porque invariablemente asume a un sujeto (individual o colectivo) no sólo dotado de derechos y obligaciones, sino como *protagonista de una sociedad*, cualquiera que sea su tipo.

16

No puede entenderse al trabajo social sin la configuración de las personas como actores y actoras sociales, pero también como *escritores* de la historia de *su* sociedad. Esto nos remite a la tradición profesional de la búsqueda de la autonomía de la población usuaria.

Por otra parte, el punto de inflexión para definir al Trabajo Social, es reconocer que los vocablos que lo nombran hacen alusión a "trabajar" en donde *ocuparse* sería más importante que filosofar o teorizar, y en segundo término alude a *lo social*, anteriormente descrito y cuyo sentido es muy significativo cuando abordamos su especificidad.

1.3 Objeto de estudio y de intervención

La *especificidad* del Trabajo Social también esté dada por su objeto de estudio —que a la vez le da su estatuto científico-, los roles profesionales, y sus dominios metodológicos.

El objeto de estudio es la materia o asunto de la que se ocupa una ciencia. Ander Egg (1977) define al Objeto como "aquello con lo que trabaja una disciplina para conocerlo y luego transformarlo".

Ha sido señalado como el conjunto de problemas, necesidades y demandas sociales, así como los recursos sociales, institucionales, sectoriales y comunitarios para atenderlos, desde *la intervención social*.

Se ha planteado también como la interacción entre lo subjetivo (significado que cada sujeto da a partir de su relación con los otros) y lo objetivo (acceso a los bienes sociales y culturales), en términos de la teoría del interaccionismo simbólico, en donde si bien las necesidades individuales tienen su origen en lo bio-psicosocial, no siempre afectan a los sujetos de la misma forma (Zamanillo, 1999).

El objeto de estudio puede ubicarse en lo que corresponde a la *disciplina* o a la fundamentación teórica, mientras que el *objeto de intervención* es aquel espacio operativo de la *profesión,* o la acción como "praxis social", en el sentido hegeliano que significa "reflexión más acción" (Kisnerman, 1981)

En este trabajo proponemos entonces, que el **objeto de estudio** que define al Trabajo Social, es el conocimiento y acción de *la conexión-mediación que hacemos entre los sujetos sociales portadores de necesidades – demandas, y las entidades portadoras de recursos, dentro de la estructura social. Estas pueden ser instituciones, organizaciones, entidades culturales, sistemas, comunidades barriales, entre otros. Trabajamos en la interacción entre los actores sociales y la estructura social, desde la intervención social.*

Los sujetos de intervención han sido definidos por distintos autores como las personas, actores o sectores sociales concretos que se articulan entre los problemas, necesidades e intereses sociales. (Escartín & Suárez, 1994; Zamanillo, 1999; Evangelista, 2011).

Como lo hemos venido planteando en este trabajo, el sujeto de intervención, es la persona o grupo que atendemos, en su carácter de *sujeto social*, con las características que esta concepción le atribuye.

Es un sujeto de derechos, dotado de una carga histórico política dentro de la dinámica social.

El siguiente esquema, puede ser reduccionista, pero lo simplifica:

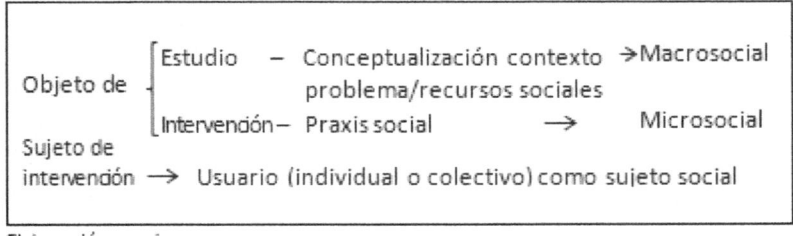

Elaboración propia

1.4 Identidad profesional

Natalio Kisnerman (2005) señala que la identidad se construye mediante dos grandes formas:

a) por medio de la diferenciación de un grupo con respecto a otro; esto es, definición por medio de la diferenciación, y

b) por la identificación de similitudes entre los que integran esos grupos.

Ahora bien, el Trabajo Social se inserta en el grupo de las ciencias sociales, y en el correr de su historia no ha sido fácil el intento de "alcanzar" el estatus de las demás disciplinas sociales científicas. El origen de este empeño es un eco del desarrollo de la propia ciencia social y su carrera tras la legitimación en la comprensión positivista de la ciencia. Así, el Trabajo Social ha avanzado mucho en la fundamentación de su actuar, al cobijo de la filosofía y la teoría social, con el trabajo de grandes estudiosos pilares de la profesión; no obstante, parece una contradicción que nos empeñemos en cambiar la practicidad de la acción por el más elegante desarrollo teórico de la contemplación, descripción y explicación.

Es necesario comprender que la teorización, la investigación macro social y la academia, tienen (o deben tener) su razón de ser en lo inmediato, en el campo de acción, en la *práctica social.* Por ello, probablemente su lugar identitario se ubica en un rasgo distintivo: su esencia práctica de acción sobre la realidad, *su saber funcional; en su "practicidad transformadora en lo social* y no sólo en elucubraciones teóricas", como lo planteara Zurita (2012). En su intervención en lo micro y lo meso social.

Me parece que la debatida "instrumentalidad" de la que se ha huido en los niveles académicos y de investigación, resulta ser la que nos posiciona en los nichos productivos del sistema capitalista (y por tanto, en las categorías laborales oficiales específicas), probablemente más que a otros profesionales de lo social.

1.5 Perfil profesional

Díaz Barriga (1999) define el perfil profesional como un conjunto de conocimientos, habilidades, destrezas, actitudes y valores que delimitan el ejercicio profesional. Podemos decir que es la descripción de las capacidades y atributos que permiten a determinados sujetos cumplir el *propósito* y *objetivos* de una profesión, ejerciendo ciertas *funciones*.

En términos de sus propósitos, el Trabajo Social parte de su visión de intervención en las relaciones entre los seres humanos y entre éstos y su medio, especialmente los grupos e instituciones sociales. De ello se derivan los *objetivos amplios de la profesión*. Tomaremos como base los propuestos por Vázquez, (2004)[1] con algunas adecuaciones que consideramos más actuales:

a) Contribuir a disminuir la desigualdad social, facilitando la integración social de los grupos de personas marginadas, excluidas socialmente, económicamente desfavorecidas, vulnerables y en situación de riesgo.

b) Ejercer la pedagogía social que impulse las destrezas personales e interpersonales que permitan a la población vulnerable, resolver problemas que inciden en su marginación.

c) Asistir y movilizar a los individuos, las familias, los grupos, las organizaciones y las comunidades con el fin de contribuir a su bienestar.

d) Dar a conocer las oportunidades que los individuos y grupos sociales tienen a su disposición, orientándoles para tener acceso a ellas, sin que tengan que renunciar a sus rasgos personales, culturales y de origen.

Los *conocimientos, habilidades, destrezas y actitudes* del profesional de trabajo social, corresponden a la dimensión

---

[1] Cita del autor, con adaptación libre propia.

filosófica, teórica, práctica y metodológica de su quehacer, en el cual deberá ser capaz de:

-   Realizar investigaciones sociales, que le permitan diagnosticar problemas, necesidades y recursos sociales.

-   Identificar las dimensiones de los problemas sociales y las necesidades demandadas por sujetos individuales o colectivos y su correspondencia con la aplicación de políticas públicas e instituciones proveedoras de recursos y satisfactores.

-   Planear, administrar, ejecutar, supervisar y evaluar programas y proyectos sociales.

-   Diseñar, desarrollar y evaluar modelos de intervención social a nivel individual, familiar, grupal y comunitario.

-   Aplicar estrategias de educación social para el desarrollo de capacidades y potencialidades de la población.

-   Formar y organizar grupos para la prevención y atención de problemas sociales.

1.6 Funciones del Trabajador Social.

Las *funciones* son acciones de carácter sistémico que se desarrollan para el logro de los objetivos profesionales, creando una sinergia con los objetivos institucionales. Son de carácter general y estratégico. Aluden siempre a un perfil profesional o de aptitud, específico.

En el caso de la intervención profesional de Trabajo Social, las funciones se han clasificado históricamente, dentro de dos formas diferentes para el logro de sus objetivos: la llamada intervención directa y la intervención indirecta.

→ La intervención directa.

Incluye una serie de funciones del trabajador social, que precisan de un contacto personal entre el profesional y la persona, familia o grupo de implicados. La relación profesional es considerada en sí misma, parte de la intervención. Se compone por:

1. Investigación social. Del sujeto o población motivo de la intervención, y su contexto.

2. Asistencia y gestión social. Implica desde la prestación de un servicio concreto, hasta moviliización de recursos familiares, institucionales, laborales o educativos.

3. Educación social. Diseña y ejecuta acciones de educación que permitan optimizar la situación del o los beneficiarios.

4. Planificación. Organización del proceso de intervención y organización de su propio trabajo.

5. Evaluación. Valoración del problema atendido y de la actuación profesional. Debe producir conocimientos teóricos de TS, a través del análisis y sistematización de las propias experiencias profesionales.

→ La intervención indirecta.

Incluye aquellas actividades del TS que no requieren de un contacto personal o inmediato entre el profesional y la población a la que va dirigida su intervención. Sin embargo, es muy importante, ya que hace posible y más eficaz la intervención directa. Consiste en:

1. Investigación social. Sobre los factores explícitos o latentes del contexto social, que influyen en los individuos, grupos y comunidades; Sistemas de Protección Social; legislación comparada; instituciones y programas de ayuda social, etc.

2. Promoción. Promueve la creación de servicios y recursos para el Bienestar Social (de salud, educación, empleo, protección social y servicios personales). Estimula la formación de grupos que desarrollen las capacidades de las personas, que tiendan a la participación, la solidaridad, etc.

3. Prevención. Interviniendo precozmente sobre las situaciones que producen desigualdad o pérdida del bienestar social. Elaboración de modelos específicos de intervención para grupos de población que se hallen en situación de riesgo social.

4. Planificación social. Procesos de planificación y gestión de políticas de Bienestar Social. Elaboración de normativas, para la prevención, asistencia y rehabilitación.

5. Dirección. Organización de los servicios para el bienestar de la población.

6. Supervisión. De los profesionales, trabajadores sociales y miembros de otras profesiones, que ejercen sus funciones en los Servicios de Bienestar Social.

7. Docencia. Participar en la formación permanente de los TS's y de otros profesionales, cuyos objetivos de formación estén en relación con el Bienestar social.

1.7 La ética profesional

Comienzo acotando algunos conceptos básicos que cualquier buen diccionario nos revela.

La **ética** es la parte de la filosofía que proporciona la reflexión del mundo cognitivo sobre el comportamiento de los individuos y las obligaciones de la persona, teniendo como orientación el bien y los *valores universales.* Es también un conjunto de principios o un "deber ser" que tiene su fundamento en la reflexión y elección de un individuo.

La **moral** en cambio, es un conjunto de normas socialmente establecidas para orientar la conducta de las personas en un *tiempo y espacio sociocultural determinado.* Es la costumbre de una época y una sociedad, y ofrece diferencias con respecto a las normas de otras sociedades y otros momentos históricos. Puede hablarse de un sistema moral para cada sistema social.

Por tanto, aunque ambas son normas prescriptivas o del "deber ser", en lo que se refiere a valores universales la ética es general y la moral es particular. La ética se afinca en la reflexión filosófica y la moral en la costumbre.

Por **valores**, entendemos los bienes que son percibidos como buenos o dignos de cuidar. Pero si además de la percepción se involucra un compromiso por buscarlos y promoverlos, estaríamos ante "principios".

Un **principio ético** es un enunciado concreto en el cual se juzga un criterio o valor como correcto, y se acepta la responsabilidad que obliga a seguir la pauta que nos marca.

Así, la **ética profesional** establece a través de los *códigos deontológicos,* las normas y criterios generales o *principios éticos* que rigen los deberes inherentes al ejercicio de una profesión y los valores que le son propios. Ello, partiendo de que toda profesión asume un compromiso con el bien público, como señala Salcedo (2010).

La ética profesional del trabajador social implica deberes y compromisos con:
* El usuario de los servicios, en primer lugar.
* Las entidades y organizaciones donde se prestan los servicios.
* Los colegas de la profesión
* Las organizaciones gremiales y colegiadas.
* La sociedad en general.

LOS PRINCIPIOS ÉTICOS

Para hablar de los principios éticos, podemos señalar la lista clásica de Felix Biestek en 1957, agregando elementos propuestos por Salcedo (2010), y una adición propia:

24

1) *Individualización:* Reconocer y entender las cualidades únicas y diferentes de cada usuario, como persona.

2) *Expresión significativa de sentimientos:* Aceptar la necesidad del cliente de expresar sus sentimientos libremente, en particular sus sentimientos negativos.

3) *Implicación emocional controlada:* Ser sensible hacia los sentimientos del usuario, pero manteniendo una serenidad objetiva.

4) *Aceptación:* Tratar al usuario tal y como realmente es, con sus fortalezas y debilidades, sus cualidades agradables y desagradables, respetando su dignidad y valor como persona.

5) *Actitud anti fiscalizadora:* No juzgar sus creencias, decisiones o necesidades.

6) *Autodeterminación:* Reconocer el derecho y la necesidad del usuario a la libertad de tomar decisiones durante el proceso de ayuda.

7) *Confidencialidad:* Proteger la información del usuario, obtenida de la relación profesional, respetando su derecho a la privacidad (secreto profesional).

8) *Promoción de los derechos* de los individuos, grupos y comunidades. Respetar y promover su autonomía, con especial sensibilidad a sus diferencias, sociales, étnicas, etc.

9) *Promoción del bienestar social.* Proteger el bien común a través de un claro compromiso social.

Por otra parte, la referencia obligada es el documento "Ética en el Trabajo Social. Declaración de principios" aprobada por la Asamblea General de la Federación Internacional de Trabajo Social, y la Asociación Internacional de Escuelas de Trabajo Social, de Adelaida, Australia en octubre de 2004.[2] Este documento reivindica

---

[2] Disponible en el sitio http//ifsw.org (documentos en español)

como valores éticos básicos e históricos: **a) los derechos humanos y la dignidad humana, y b) la justicia social.**

También identifica 4 principales "áreas problema" para la ética en la profesión:

- ✓ El hecho de que los trabajadores sociales frecuentemente se encuentran en medio de conflictos de intereses.

- ✓ La situación de que el trabajador social tiene a la vez funciones de ayuda y de control.

- ✓ La limitación de los recursos sociales o institucionales.

- ✓ El deber del profesional de proteger los intereses de los beneficiarios, confrontados con las demandas de eficiencia y utilitarismo de la sociedad.

Capítulo 2

II. Áreas de intervención del Trabajo Social

La disciplina involucra a la persona como ente social, desde distintos momentos y espacios: la infancia, la adolescencia, la ancianidad, la problemática de género, el desarrollo comunitario, los espacios culturales y la atención e intervención familiar. Estos se denominan campos de intervención del trabajador social y es el espacio donde trabajamos.

Según los espacios ocupados, se puede plantear la ocupación del trabajador social desde tres categorías: El Estado, la empresa privada, y las organizaciones de la sociedad civil.

Diversos estudios señalan que el mayor empleador del trabajador social, ha sido tradicionalmente el Estado, a través de las instituciones de Bienestar social, (Rossi, 2008; Burgos Flores & López Montes, 2008; Evangelista, 2011), sin embargo, la naturaleza del trabajo social, y su contenido formativo, le permite un desarrollo amplio en el campo laboral.

Silvia Galeana de la O (en Sánchez Rosado coord. 2009), clasifica los campos de intervención del trabajador social en tres grandes áreas:

1) Tradicionales: las que se han desempeñado desde los inicios de la profesión y son bien identificadas, tales como el área de salud, educación y asistencia social.

2) Potenciales: Las que son poco identificadas, pero que tienen grandes posibilidades de desarrollo; algunos ejemplos son el Trabajo Social empresarial, laboral, de promoción social y procuración e impartición de justicia.

3) Emergentes: las que surgen por coyunturas políticas y sociales o bien por fenómenos naturales, tales como las relacionadas con el medio ambiente, situaciones de riesgo o desastre, grupos vulnerables y emergentes.

En la siguiente exposición se da una muy breve revisión a las áreas de intervención, remitiendo al lector a las **funciones** genéricas que ya se apuntaron antes y no se mencionan exhaustivamente para no ser repetitivos, sólo hay que adecuarlas a cada área. Sin embargo, sí se anotan algunas de las **actividades** generales que corresponden a cada espacio, con base en los trabajos de Galeana (2009).

2.1 Áreas tradicionales

Así denominadas no solo por tener una larga historia dentro de la profesión, sino también por ser ejes paradigmáticos en el desarrollo de la misma. Por ejemplo, es innegable la influencia del modelo clínico médico (desde Mary Richmond), la incorporación de las ciencias de la educación y el propio concepto de la asistencia social, en la configuración del trabajo social.

➤ Trabajo Social en Salud

La intervención se inserta en el proceso salud-enfermedad desde un enfoque biopsicosocial, procurando la salud completa de los individuos, en los tres niveles de atención de los sistemas de salud.

Las funciones se ubican en la investigación sociomédica, gestión y administración de los servicios, entre otras.

Actividades:

- Identificar factores económicos, sociales y culturales que inciden en la frecuencia y distribución de la enfermedad.
- Detectar condiciones sociales que obstaculizan el apego al tratamiento sociomédico.
- Gestionar la obtención de recursos y requerimientos, así como asesorar a los beneficiarios sobre el uso de los servicios de salud.
- Desarrollar modelos de educación para la salud, dirigidos a la población cautiva y a población abierta.
- Organizar procesos de capacitación a pacientes y familiares, que los habiliten según sus necesidades.
- Gestionar servicios de apoyo (ambulancias, agencias funerarias, medicamentos, aparatos, etc.)
- Canalización y seguimiento a otras instituciones.

➤ Trabajo Social en Educación

La intervención profesional en esta área se enfoca a los factores que inciden en el proceso enseñanza-aprendizaje a través de una atención socio pedagógica, dirigida al estudiante en la comunidad escolar, entendiendo que esta se integra por estudiantes, sus familias, así como maestros y demás personal.

Las funciones son de investigación, educación y asistencia social.

Actividades:

- Identificar factores económicos, sociales y culturales que intervienen en los procesos de reprobación y deserción escolar.

- Diseñar perfiles socioculturales de la población escolar para que sirvan de base al proceso enseñanza-aprendizaje.

- Desarrollar programas de extensión socio comunitaria que fortalezcan una educación integral.

- Establecer coordinación con instituciones de servicios sociales, que provean atención a su población y gestionar canalizaciones.

- Realizar estudios sociales a usuarios que así lo ameriten, para gestionar servicios de la institución escolar u otros recursos sociales.

  ➢ Trabajo Social en Asistencia Social

La actuación profesional en este campo es muy amplia, pero en general se orienta a la atención de la población vulnerable, definida por la Ley de asistencia social en México y la aplicable en otros contextos internacionales. Se trata de individuos, grupos y comunidades que han quedado al margen del desarrollo social o en situación de desventaja.

En México, la responsabilidad institucional corresponde principalmente a la Secretaría de Salud, el Sistema para el Desarrollo Integral de la Familia (DIF) y la Secretaría de Desarrollo Social (SEDESOL).

Las funciones son de investigación, administración, educación y asistencia.

Actividades:

- Elaboración de estudios y diagnósticos sociales a individuos, grupos o sectores específicos.

- Desarrollar programas y proyectos asistenciales de promoción y desarrollo social.

- Elaborar directorios institucionales y de servicios de apoyo social, para establecer coordinación.

30

- Gestionar apoyos de recursos institucionales a la población beneficiaria.

- Otorgar asesoría en cuestiones de protección al derecho de familia en situaciones de abandono, maltrato, pensión alimentaria, etc.

- Integrar investigaciones e informes sociales para procesos legales de patria potestad, adopción, etc. en la Procuraduría de la defensa del menor y la familia.

2.2 Áreas potenciales y emergentes

Son las áreas que se consideran de gran oportunidad en el campo laboral, o que están en auge en el marco de las nuevas condiciones de nuestro tiempo. También presentan novedosas propuestas de intervención.

➢ Trabajo Social Jurídico Penal

Aunque el área tiene una amplia historia en el Trabajo Social especialmente en el área de reinserción social (anteriormente denominada de "readaptación social") con personas privadas de su libertad, hoy se considera con mayor diversificación y posibilidades de desarrollo.

El profesional participa en la prevención del delito, procuración y administración de justicia, y en procesos de investigación social decisivos. Su intervención se inserta en la problemática social específica de este campo en las diferentes instancias del ámbito penal, civil y familiar. El área del peritaje social, emerge de forma muy importante como labor específica del trabajador social, tanto en el medio institucional como independiente.

Las funciones son principalmente de investigación, orientación y asesoría, asistencia y capacitación.

Actividades:

- Atención a grupos de personas privadas de su libertad en el sistema de reinserción social.

- Orientación en la problemática familiar de internos del sistema de reinserción social.

- Investigaciones sociales para contribuir a definir la situación legal de las personas involucradas en delitos.

- Asesoría a víctimas del delito.

- Gestión de servicios asistenciales a menores en situación de daño o riesgo.

- Participación en programas de prevención y atención del delito y farmacodependencia.

> ➤ Trabajo Social en la Empresa

En algunas regiones del país y el mundo, el trabajador social labora en la empresa privada, insertándose en el desarrollo social de los trabajadores y en la vinculación de la empresa con la comunidad, en su responsabilidad social; es sobresaliente el caso de la zona norte del país, en donde sus egresados ejercen un importante papel dentro de los espacios industriales y empresariales en general (Burgos Flores & López Montes, 2008).

Sin embargo, en otros lugares, es un área incipiente, pero que ha sido conceptualizada por diversos autores como la parcela de intervención que centra sus actividades en el desarrollo de la comunidad empresarial, desde una perspectiva integral, englobando los aspectos económicos, sociales, relaciones productivas y relaciones humanas, mejorando las condiciones de vida de los empleados y trabajadores, así como aumentando los niveles de producción. (Terán, 1990; Herrera Loyo, 1995; Mora, 2012)

Las funciones son de investigación, capacitación, organización e integración de la comunidad empresarial.

Actividades:

- Investigación de factores que intervienen en los procesos productivos.
- Estudios sociales sobre el perfil de los integrantes de la comunidad empresarial.
- Desarrollo de programas de atención a las relaciones humanas en la empresa.
- Atención a la problemática familiar de los trabajadores.
- Capacitación en seguridad social y prestaciones laborales.

➢ Trabajo Social en Organizaciones

Hay investigaciones que posicionan al trabajador social como un apoyo importante en entidades del voluntariado, fundaciones, asociaciones y organizaciones de la sociedad civil (Elorza, 2008).

El rol profesional es significativo desde el punto de vista de la participación social, la organización comunitaria, la promoción y educación social.

Actividades:

- Estudios comunitarios para determinar factores socioculturales de la dinámica social.
- Organizar acciones de capacitación y educación popular.
- Desarrollar programas de desarrollo comunitario y promoción social.
- Asesoría sobre formación de ciudadanía, participación social y autogestión.
- Evaluación del impacto social de programas de la organización.

> ➤ Trabajo Social en programas específicos

Se engloba en esta parte al ejercicio profesional en programas de Género (Instituto de la mujer), promoción socio cultural, derechos humanos, atención de adultos mayores, personas con discapacidad, migrantes, u otros grupos que no se abordan en el área de asistencia social por ser espacios autónomos.

Las funciones dependen del área de que se trate, siendo las más generales investigación, asistencia, capacitación, coordinación interinstitucional, gestión e intervención en la problemática familiar.

Capítulo 3

III.   Evolución histórica del Trabajo Social

Toda exposición histórica implica mucho más que una simple narración de hechos, pues invariablemente es una *interpretación* que sirve de soporte en la construcción de subjetividades, de comprensión y visión del mundo. Por ello revisar el origen del Trabajo Social contribuye a la cuestión identitaria ubicando nuestra posición actual para desde ahí, crecer. Un refrán popular reza: "hay que conocer las raíces, para descubrir las alas", así que evaluemos el devenir histórico del Trabajo Social.

3.1 Corrientes interpretativas

Se presentan algunas aproximaciones del recorrido del Trabajo Social, desde la génesis social que le dio cabida en las profesiones. Esta tarea no puede concretarse sin atender el debate que las distintas interpretaciones han establecido.

A continuación, se presentan las corrientes interpretativas de los orígenes del Trabajo Social: la endogenista y la histórico-crítica (Montaño, 1998), comenzando con la corriente *endogenista,* por ser la más desarrollada por los autores clásicos de la profesión.

3.1.1 Perspectiva endogenista.

Considera el desarrollo de la profesión a partir de sí misma y no como resultado del desarrollo de las sociedades y sus modos de producción. Sostiene que el origen del Trabajo Social se ubica en las *formas de ayuda* ejercida desde épocas muy remotas, que presentan una evolución, organización y finalmente la profesionalización.

Bajo esta perspectiva, dar respuesta a las necesidades sociales es tan antiguo como la propia humanidad y ha significado diversos abordajes filosóficos.

Primeras formas de ayuda

La historia de la humanidad nos plantea los primeros asentamientos humanos a partir del paso de una existencia *nómada* basada en la supervivencia a través de la caza y recolección, a la producción incipiente de alimentos que vuelve al hombre *sedentario.*

Aparecen entonces las primeras aldeas y el crecimiento de los grupos familiares, la división del trabajo y la organización social. Marx propone como sistemas socio económicos sucesivos el comunismo primitivo (que termina cuando hay producción de excedentes), el esclavismo, el feudalismo y la burguesía (Harnecker, 1978).

El código de Hammurabi. La aparición de sociedades complejas originó las primeras prescripciones y códigos de conducta para regular la convivencia. Así que uno de los documentos más remotos, es el código de Hammurabi que data del siglo XVIII a de C., y que contenía leyes muy duras, pero que pretendía frenar la venganza desproporcionada acostumbrada en la famosa "Ley del Talión". Este documento público, prescribía pronunciamientos para regular las relaciones colectivas y el sentido humanitario dentro de un orden social.

Se le ubica en la antigua ***Mesopotamia***, asiento de muchos pueblos y considerada la cuna de la civilización occidental. De hecho, se atribuye a los *sumerios* en esa civilización, la invención de la ***escritura***, evento que divide los periodos de la humanidad en prehistoria -antes de la escritura, e historia, después. (Schwanitz, 2003).

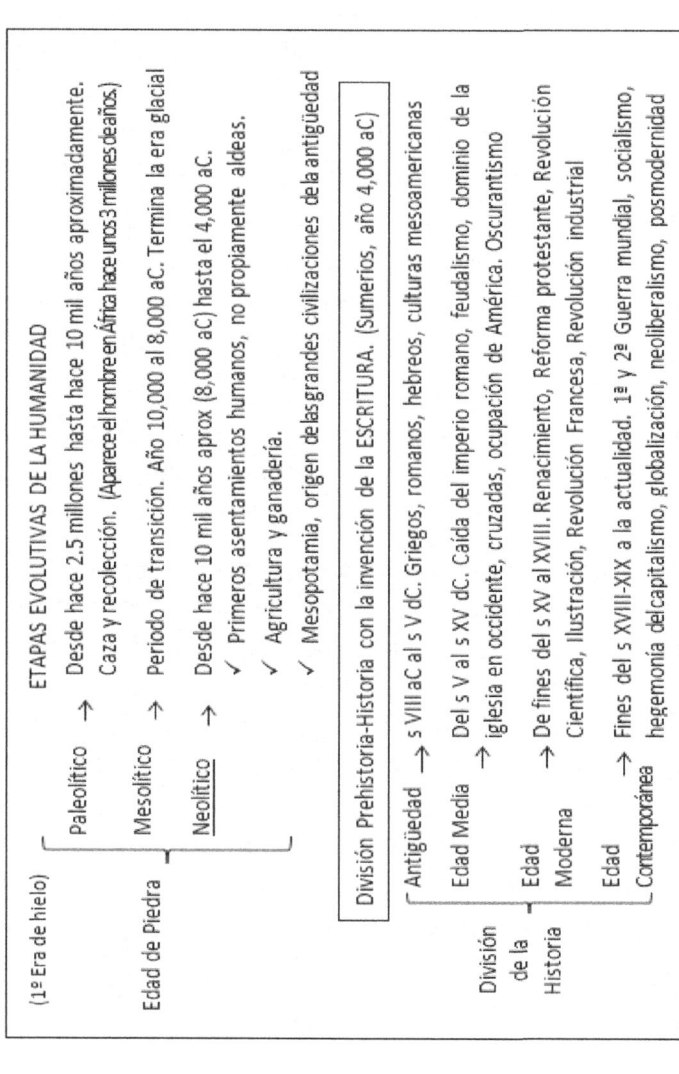

ETAPAS EVOLUTIVAS DE LA HUMANIDAD

(1ª Era de hielo)

Edad de Piedra

Paleolítico → Desde hace 2.5 millones hasta hace 10 mil años aproximadamente. Caza y recolección. (Aparece el hombre en África hace unos 3 millones de años.)

Mesolítico → Periodo de transición. Año 10,000 al 8,000 aC. Termina la era glacial

Neolítico → Desde hace 10 mil años aprox (8,000 aC) hasta el 4,000 aC.
✓ Primeros asentamientos humanos, no propiamente aldeas.
✓ Agricultura y ganadería.
✓ Mesopotamia, origen de las grandes civilizaciones de la antigüedad

División Prehistoria-Historia con la invención de la ESCRITURA. (Sumerios, año 4,000 aC)

División de la Historia

Antigüedad → s VIII aC al s V dC. Griegos, romanos, hebreos, culturas mesoamericanas

Edad Media → Del s V al s XV dC. Caída del imperio romano, feudalismo, dominio de la iglesia en occidente, cruzadas, ocupación de América. Oscurantismo

Edad Moderna → De fines del s XV al XVIII. Renacimiento, Reforma protestante, Revolución Científica, Ilustración, Revolución Francesa, Revolución industrial

Edad Contemporánea → Fines del s XVIII-XIX a la actualidad. 1ª y 2ª Guerra mundial, socialismo, hegemonía del capitalismo, globalización, neoliberalismo, posmodernidad

Elaboración propia. Se considera la versión eurocéntrica.

3.1.2 Perspectiva histórico-crítica.

La perspectiva histórico – crítica es una tesis defendida por autores como Marilda Iamamoto, José Paulo Netto, Vicente de Paula Faleiros, entre otros, y es actualmente la más aceptada. Entiende el surgimiento del Trabajo Social, en el contexto del capitalismo y la institucionalización del quehacer profesional en el aparato del Estado intervencionista. La profesión es el resultado y el producto histórico de los proyectos político-económicos que se establecieron en el desarrollo de las sociedades, por la clase hegemónica en medio del capitalismo monopolista y para reproducir las relaciones de clases y la contradicción entre ellas (Montaño, 1998).

Resulta muy interesante cómo esta perspectiva puede explicar la posición actual profesional, incluyendo las contradicciones que han marcado *nuestros* problemas identitarios, como veremos a cotinuación.

Para dimensionar estas circunstancias del contexto histórico-político, se señalan tres principales hechos según los trabajos de Octavio Vázquez (1998):

Desarrollo de las ciencias sociales. Durante los siglos XIX y XX, ya con la herencia del pensamiento de la Ilustración y después la Revolución Francesa (1789), sobreviene un gran desarrollo de las ciencias sociales que comienzan siguiendo el camino trazado de las ciencias naturales (de muy larga data), intentando encontrar la misma legitimación y prestigio; adoptando el mismo método objetivo, cuantitativo y experimental y dando paso al *positivismo*. Al mismo tiempo surge el Trabajo Social, pero no como un intento de ser ciencia, sino más bien "centrado en la atención a los pobres, en una mezcla de asistencia y control".

La cuestión social. En medio de una sociedad no vivida como un medio tranquilo sino como espacio de conflicto y tensión entre el control social y el cambio radical del pensamiento marxista, desde las filas conservadoras, se desarrollaron en la profesión esfuerzos por mejorar las condiciones de vida de los trabajadores y de los pobres para hacer aceptable el sistema y no para cuestionarlo. De hecho, el autor propone la discusión acerca de si los logros políticos y sociales alcanzados en este periodo de la historia moderna, son verdaderas conquistas de los trabajadores o simplemente cesiones del Estado y de la burguesía, necesarias para el mantenimiento del sistema capitalista. En el incipiente Estado social que reconoce los derechos de la clase trabajadora, los Trabajadores Sociales eran percibidos, unos como conquista de los trabajadores y otros como agentes de control.

Papel de la mujer. Finalmente, en cuanto al papel de la mujer en el siglo XIX se la ubica como expulsada de la vida pública, sometida al hombre y al control de la comunidad en lo referente a la procreación. Se la considera débil e irresponsable, lo que no impide que su trabajo siga siendo duro. Su espacio de poder es el doméstico en donde se desarrolla la reproducción social a través de la socialización de los hijos e hijas. En ese escenario según Vázquez (citando a Arlette Farge, 1991) lo que cambia es que determinadas mujeres comienzan a desarrollar un papel público:

> ... las mujeres burguesas socorren, educan y controlan a las mujeres pobres y obreras. A impulso de asociaciones pasan de ser 'visitantes de pobres' según la vieja expresión filantrópica, a inspectoras benévolas; de damas protectoras a asistentes sociales, precursoras de los trabajadores sociales [...] muchas mujeres encontraban un exutorio a sus energías y a la mala conciencia que los valores de utilidad y trabajo, crecientes en la sociedad, transmitían a su ociosidad.

Lo anterior nos puede ayudar a entender la carga histórica en las representaciones sociales vinculadas a la profesión, que reflejan supuestos como: "poca seriedad" dentro de la ciencia social, su "papel reproductor" del sistema y su naturaleza ontogénica femenina.

3.2 Etapas históricas del Trabajo Social

Se presenta la división de etapas propuesta por Boris Lima en 1986: etapa pre-técnica, técnica, pre-científica y científica, retomando también el aporte de los trabajos de autores clásicos de la profesión como Herman Kruse en 1972, Ezequiel Ander-Egg en 1985, Natalio Kisnerman en 1980 y Susana García Salord en 1990. Esta división incluye la etapa pre-técnica considerada sólo en la perspectiva endogenista. Se sugiere al lector remitirse a cada periodo de la historia en general para profundizar en los eventos del contexto relacionado.

❶ ETAPA PRE-TÉCNICA. También conocida como *etapa de Caridad y beneficencia,* se le ubica desde la antigüedad hasta mediados del s XVIII de nuestra era aproximadamente (comprendiendo antigüedad, edad media y edad moderna).

➢ Contexto político, económico y social:
Ayuda en familia, comunidad vecinal, hermandades y cofradías.

La pobreza se atiende como un deber religioso entendido como la virtud cristiana de ayuda a los desamparados (caridad) o bien como deber moral (filantropía) que implica el amor por el ser humano.

Durante la edad media se sitúa la *protección social feudal*, como la forma común de ayuda a los necesitados. De hecho, las prácticas de ayuda son elevadas a función social específica de reyes, señores feudales y cargos eclesiásticos.

Si en una época anterior se ve con buenos ojos a los pobres, e incluso se legitima su existencia como medio de "salvación de las almas caritativas" para ganar el cielo, o en el filántropo para ganar prestigio, al correr del tiempo, con Martin Lutero se comienza a desacralizar la pobreza.

Juan Luis Vives sugiere la obligación del Estado y la comunidad organizada, de vigilar la administración de los establecimientos benéficos. Recomienda la *asistencia domiciliaria* y la *cooperación* entre las instancias de ayuda.

Inglaterra promulga la Poor Law (Ley de pobres) en 1601, reconociendo las obligaciones sociales del gobierno.

San Vicente de Paul renueva la secular práctica caritativa proponiendo llegar al necesitado con humildad y respeto intentando estudiar las causas de la indigencia.

En el ámbito económico general, el trabajo es considerado humillante y vulgar, propio del no estamento.

La *ilustración* en el s XVIII, trae consigo la confianza en la ciencia, la educación y el progreso. Destacan los grandes personajes como John Locke, Jean Jacques Rousseau, David Hume y Emmanuel Kant.

Fin de la etapa pre-técnica caracterizada por actividades centradas en remediar situaciones de indigencia, asistencia débilmente organizada y predominantemente arbitraria.

❷ ETAPA TÉCNICA. Recibe el nombre también de etapa de *Asistencia Social*. Se da desde mediados-fines del s XVIII hasta antes de la segunda guerra mundial (comprende la última parte de la edad moderna y primera de la contemporánea).

➤ Contexto político, económico y social:

El primer cambio que puede establecerse respecto de la etapa anterior, es el tratamiento a la pobreza, que ya se ve como amenaza a la comunidad y al Estado. La ayuda implica una medida de defensa, más que un esfuerzo para socorrer al menesteroso. Esta concepción influye en el carácter represivo de los hospicios y hospitales que reflejan la dualidad: rico-dirigente y pobre-amenazante.

Con la Revolución industrial, vienen los grandes cambios sobre el *concepto de propiedad* (antes exclusiva del clero, nobleza y ejército), sobre *integración social* (enfrentamiento de clases: feudalismo-burguesía y después burguesía-clase trabajadora), y sobre el concepto de *trabajo* que incorpora el contenido económico-laboral.

Ya no se distingue al hombre por su nacimiento, sino por su *trabajo*.

Comienza el reconocimiento de los *derechos humanos* (Revolución francesa) y posteriormente los derechos de los trabajadores (movimiento obrero).

Ya no se habla de beneficencia, sino de "asistencia social", para quitar las evocaciones eclesiásticas y para incorporar agentes especializadas de la acción social que no trabajen *para, sino con el asistido*, aunque continúa la parsimonia en la beneficencia y la asistencia social.

El incipiente comienzo de la ciencia social en el siglo XIX, despierta gran interés de las asistentes sociales, (en su mayoría, mujeres) aunque se incorpora la visión de la asistencia social como auxiliar de otros profesionales.

Se funda en Londres en 1869 la Charity Organization Societdy COS por sus siglas, (sociedad de organización de la caridad). Se considera el primer intento técnico de profesionalizar la asistencia, y un gran aporte en la acción social. A finales del siglo XIX se reconoce en los ámbitos académicos en Amsterdam, Londres y Nueva York, y además es el lugar en donde Mary Richmond -una de las precursoras más significativas de la profesión, desarrollará sus trabajos desde 1889 (De la Red Vega, 1993).

❸ ETAPA PRE-CIENTÍFICA. Se conoce como la etapa de *Servicio Social* y comprende aproximadamente desde principios del s XX hasta 1965, de la edad contemporánea.

➢ Contexto político, económico y social:

Es una época marcada por la incorporación de las ciencias sociales a todos los ámbitos, incluida la conceptualización de la pobreza.

Ocurre la más grande institucionalización de los servicios sociales, legitimando el quehacer de los asistentes sociales.

Hay un acuerdo por buscar la profesionalización de la asistencia social.

Predomina la *orientación aséptica* en el ejercicio profesional, que incorpora técnicas y métodos, pero sin ningún compromiso ideológico.

Se constituyen organizaciones gremiales, congresos, simposios y las primeras organizaciones internacionales. Creación de la Federación Internacional de Trabajadores Sociales (FITS) en París en 1928.

Se incorporan los tres niveles de atención en la práctica profesional: individual, de grupo y comunitario.

Surge la figura y los trabajos más destacados (sobre todo en la atención individualizada), de Mary Ellen Richmond:

— Funda la primera escuela de Trabajo Social en el continente americano en 1918. En la Universidad de Nueva York, Estados Unidos.

— Publica su libro "Diagnóstico Social" en 1917.

— Publica el libro "Caso Social individual" en 1922.

Sucede la primera y segunda guerra mundial, la guerra fría y el establecimiento del Estado de Bienestar keynesiano, posterior a la 2ª guerra mundial.

❹ ETAPA CIENTÍFICA. Surge el llamado desde entonces *Trabajo Social* e inicia a partir del movimiento de la *reconceptualización* en 1965, hasta la actualidad.

➢ Contexto político, económico y social:

Se busca unificar criterios internacionales para el ejercicio de la profesión.

Se desarrolla el movimiento de reconceptualización, que representa la reconfiguración del nuevo Trabajo Social.

Se asume la intervención de manera interdisciplinaria y especializada.

El Trabajo Social se ve atravesado por la realidad posmoderna y los efectos de la llamada *cuestión social,* entendiendo por esta, el proceso de formación y desarrollo de la clase obrera y su ingreso al escenario político de la sociedad, en medio de las contradicciones socio históricas.

Se alcanza el estatus y reconocimiento como disciplina científica, y por lo tanto los niveles académicos de la formación profesional al instituirse las categorías de técnico profesional, licenciatura, maestría y doctorado.

En lo político, social y económico, se presentan necesidades derivadas del sistema, tales como marginación, desempleo, falta de identidad social y comunitaria, violencia y otras propias de la época contemporánea.

Otras clasificaciones de las etapas del trabajo Social

También cabe anotar otras formas de exponer las etapas del Trabajo Social, como la de Ander-Egg (1985):
1ª fase benéfico- asistencial,
2ª fase paramédica y parajurídica, aséptico tecnocrática
3ª fase concientizadora y revolucionaria

O la de Susana García Salord en 1990, que resulta muy ilustrativa cuando habla de las etapas como:

a) "Damita de la caridad", refiriéndose a la fase de caridad y filantropía,
b) "Robotina", para aludir a la fase tecnocrática o aséptica, y
c) "Guerrillera", con la alusión obvia a la reconceptualización.

3.3 Cronología

Lo que es indudable, independientemente de la corriente interpretativa que se adopte, es que el Trabajo Social tiene una carga histórico-política de las formas organizadas de ayuda social en el sentido de plantear el rol de los sectores sociales dominantes hacia las clases menos favorecidas.

La acción social va evolucionando hasta llegar a la práctica organizada y las primeras sistematizaciones de ayuda a los necesitados, en el siglo XVI. Posteriormente y a partir de la revolución industrial, comienza la reordenación de la **Asistencia social** cuyo interés se orientaba básicamente al desarrollo de procesos de aprendizaje para tratar a la gente, comprender las condiciones en que vivía, los medios que podían emplearse para mejorarlas y conocer los diversos organismos dedicados a la asistencia (Ander-Egg, 1994).

Después la institucionalización de la práctica social, en medio de las grandes conmociones de la historia moderna, nos plantean un **Servicio social** que buscaba la profesionalización, y que se reconoce como antecedente directo del actual **Trabajo Social.**

Es decir, sería en principio una "profesión sin disciplina", en tanto comenzara como una acción organizada pero que no contaba con un cuerpo teórico específico (Miranda, M., 2003). Este, se irá incorporando paulatinamente con la llegada de las ciencias sociales, en el siglo XIX.

En el mundo, surge la primera escuela de Trabajo Social en Ámsterdam, Holanda en 1899 (Esquivel Corella, 2012). Aun cuando se considera que la verdadera estructura profesionalizante, como esfuerzo sistematizado de formación, surge a la postre en Nueva York.

Posteriormente la primera escuela de Trabajo Social en América, es fundada por la influencia de Mary Ellen Richmond, en Nueva York, Estados Unidos, en 1918.

Para el caso de Latinoamérica, emerge la primera escuela de Trabajo Social en Chile en 1925.

Y en México, la profesión inicia en el año 1933. Hecho que se abordará en el apartado referente al Trabajo Social mexicano.

3.4 La reconceptualización

Es un proceso vivido en la historia del Trabajo Social, que representa un **movimiento político, ideológico, teórico y metodológico que reconfiguró el quehacer disciplinario y profesional,** que, según Gustavo Parra, sólo es comparable al proceso de institucionalización de la profesión durante las décadas de 1920 y 1930. Considerado por muchos, la mayor contribución de Latinoamérica para el Trabajo Social mundial, pues con todo y las limitaciones que hoy se le pudieran adjudicar, representa una coyuntura para la historia de la profesión.

Es una búsqueda y replanteamiento que cuestiona el quehacer profesional latinoamericano, en su:

✓ Ideología:

   a) Revisión endógena de la profesión. Cuestiona su historia y orígenes en el marco de la sociedad burguesa y la correspondencia del modelo hegemónico de Europa y EEUU con la realidad latinoamericana.
   b) Visión filosófica del sujeto de intervención. Conservadurismo vs cambio y humanismo. Proteccionismo vs potencialidad humana y libertad de decisión.

✓ Bases teóricas. El positivismo, el estructural funcionalismo versus materialismo dialéctico, pensamiento gramsciano (Gramsci 1891-1937), Paulo Freire (1921-1997), aunque la tendencia mayoritariamente fue hacia el desarrollismo. Teoría de la dependencia.

✓ Metodología. Metodologismo aséptico. Superación de la visión tecnicista.

Ubicación temporal y geográfica: Se inicia a mediados de la década de 1960 y se extiende hasta mitad de los años 70 en Brasil, Uruguay, Argentina y Chile y posteriormente, se extiende a toda Latinoamérica.

Contexto político, económico y cultural que dio origen a la reconceptualización: Una nueva configuración geopolítica internacional, desde el fin de la II Guerra Mundial, la hegemonía de Estados Unidos en el mundo capitalista, el desarrollo de la guerra fría, un nuevo marco regulatorio de las políticas sociales a través del *Welfare State* (véase apartado sobre Estado de Bienestar) y el desarrollo de los "Treinta Gloriosos" en Europa Occidental. El surgimiento de importantes movimientos culturales, feministas, raciales y estudiantiles, así como un nuevo papel de la Iglesia Católica producto del Concilio Vaticano II. El desarrollo de las ciencias sociales.

En términos regionales: la Revolución Cubana de 1959 y su impacto en el resto de los países de Latinoamérica, las propuestas de la *Alianza para el Progreso* como reacción de los Estados Unidos ante posibles futuras revoluciones, las teorías desarrollistas impulsadas principalmente por la Comisión Económica para América Latina y el Caribe (CEPAL), la teoría de la dependencia, la organización de nuevos partidos de izquierda y la lucha armada, las comunidades eclesiales de base y la teología de la liberación, las brutales y sanguinarias dictaduras militares que azotaron Latinoamérica. (Parra -sf)

La generación del 65. La llamada "generación del 65" es un grupo de trabajadores sociales que impulsan el movimiento y lideran encuentros latinoamericanos de discusión y análisis. Algunos de ellos son:

- Natalio Kisnerman
- José Paulo Netto
- Diego Palma
- Nidia Aylwin
- Vicente de Paula Faleiros
- Boris Lima
- Herman Kruze
- Marilda Iamamoto

47

Documentos y organizaciones más simbólicos generados en la reconceptualización:

Tres primeros encuentros (Porto Alegre, Brasil en 1965; Montevideo, Uruguay en 1966 y Gral. Roca, Argentina en 1967).

1967 Documento de Araxá, (ideológico) Seminario de teorización del Servicio Social.

1968 Congreso Panamericano de Caracas.

1969 Seminario Regional Latinoamericano de Servicio Social en Concepción, Chile.

1970 Documento de Teresópolis (metodológico –ver metodología de transición).

1970 Seminario Regional Latinoamericano de Servicio Social de Cochabamba, Bolivia.

1974 nacimiento del Centro Latinoamericano de Trabajo Social (CELATS) y la Asociación Latinoamericana de Enseñanza e Investigación en Trabajo Social (ALAETS).

3.5 El Trabajo Social mexicano

El largo transitar hacia la profesionalización del Trabajo Social en México, no ha sido ajeno a los procesos dialécticos de su sistema político, educativo y social, pasando desde las etapas del México post-revolucionario (en donde no es coincidencia el inicio de la profesionalización con el gobierno de Lázaro Cárdenas), hasta llegar al México neoliberal contemporáneo.

El quehacer del trabajador social en su esencia, está especialmente vinculado a dos cuestiones de naturaleza *política*: la prestación de servicios que desde las políticas públicas se otorga a los grupos sociales, y el proyecto personal subjetivo del profesional, su filosofía, su formación técnica, su identidad gremial no desprovista de determinadas características ideológicas. Es decir, la labor histórica, depende del proyecto socio político del Estado y del que tenga el propio profesional.

Ahondar en el tema de la historia del sistema político mexicano, excede los propósitos del presente trabajo, pero se sugiere profundizar la revisión especialmente a partir de la etapa de modernización del Estado en el México post-revolucionario, en el cual surge la profesión como una necesidad de consolidar un marco institucional que restituyera las demandas revolucionarias. Siguiendo a Aída Valero (1994), se exponen los siguientes datos:

- En 1920 durante la reorganización de la beneficencia pública se menciona por primera vez en documentos de la Secretaría de Salubridad y Asistencia (hoy Secretaría de Salud), personal que cubriría funciones de investigación de la problemática social y distribución técnica de la ayuda. Fueron comisionadas como "inspectoras" para investigar aspectos educativos y de alimentación de los niños alojados en la casa de cuna, hospicios y otras.

- En 1923 durante las Misiones Culturales que organiza la Secretaría de Educación Pública (a cargo de José Vasconcelos) se integran equipos de expertos, con maestras normalistas que habían tomado cursos de trabajo social en Estados Unidos.

- Durante 1929 con la creación del Instituto Nacional de Protección a la Infancia (INPI) se designan 10 personas como "inspectoras de la beneficencia pública" para investigar a quienes pedían ayuda, haciéndoles visitas en sus domicilios y concluyendo mediante sus informes si se concedía la asistencia.

- En 1932 se extienden nombramientos de "investigadoras sociales" a inspectoras que trabajaban en la beneficencia pública.

- Hacia 1933 surge en la ciudad de México la primera escuela llamada *Escuela de Enseñanza Doméstica y Trabajo Social,* adscrita a la Secretaría de Educación Pública. Su duración era de tres años y se buscaba "formar personal que interviniera en los problemas de pobreza y enfermedad, así como en la búsqueda del buen funcionamiento social" (Evangelista, 1998).

A partir de 1934 el gobierno del general Lázaro Cárdenas, representa en el periodo pos-revolucionario, el movimiento que más impulsó la educación, especialmente la indígena y campesina, el reparto agrario y apoyo a los trabajadores, por lo que la política pública incluyó un apoyo muy importante a los grupos vulnerables (Solana, Cardiel, & Bolaños, 1981).

Se crea entonces el Departamento de Terapia Social, que tenía 5 comisiones: Asistencia Infantil, Asistencia Educativa, Asistencia Médica, Asistencia Jurídica y Asistencia al Anciano, y se componía de 3 secciones: Cooperación particular, Trabajo Social y Divulgación.

Por primera vez se menciona a trabajadoras sociales como personal necesario en una institución de Bienestar Social definiéndolas como especialistas encargadas de estar en contacto con la realidad (Valero, 1994).

Este contexto institucional plantea la necesidad de personal especializado y es el marco precedente para la profesionalización del Trabajo Social.

- En 1937 en la Escuela Nacional de Jurisprudencia (hoy Facultad de Derecho) de la Universidad Nacional Autónoma de México (UNAM), se imparte un curso a personal que ejercía funciones de trabajo social en el área de "Vigilancia del Tribunal para Menores".

- Como resultado, en 1940 se crea la carrera de Trabajo Social en el mismo. Este sería el antecedente directo de la Escuela Nacional de Trabajo Social de esa institución, que surge en ese año como carrera técnica, independiente de la Facultad de Derecho.

- La primera licenciatura en México se creó en 1967 en la Universidad Autónoma de Nuevo León y en la misma institución surgió el primer programa de maestría en 1975.

- La licenciatura en la Escuela Nacional de Trabajo Social de la UNAM, surge en octubre de 1973.

Hasta 2001 había 28 escuelas de trabajo social a nivel universitario (licenciatura), cinco programas de maestría y uno de doctorado. Junto con el nivel técnico, constituyen 4 niveles de formación (Ribeiro, López, & Mancinas, 2007).

Según el Directorio de instituciones de trabajo social de la Red Nacional de Instituciones de Educación Superior de Trabajo Social (RENIESTS/ANUIES, 2012) la única entidad en México que no tenía ninguna institución de educación superior en Trabajo social, era el estado de Querétaro. Sin embargo, justo en ese año 2012, surge en esta entidad un programa de licenciatura incorporado a la Escuela Nacional de Trabajo Social de la UNAM, y se van sumando algunas más; todas en universidades privadas.

Con ello, se concluye que todas las entidades de la República Mexicana tienen presencia de muchos años de la carrera de Trabajo Social a nivel técnico (proceso iniciado en 1933), y actualmente todas cuentan con la carrera a nivel licenciatura, ya sea en la Universidad pública o privada.

Por último, es importante destacar que el trabajo social mexicano tiene sus orígenes desde lo empírico en las necesidades institucionales, que determinaron posteriormente la formación de profesionales.

La figura del Trabajo Social profesional aparece en el ámbito de la Asistencia social, en 1937 cuando la Secretaría de Asistencia Pública solicitó formalmente la inclusión de la categoría de trabajadores sociales. En el área de Salud, el Hospital Infantil de México es representativo del desarrollo profesional desde 1943. En el campo de Educación, es en 1944 cuando se inserta el trabajador social en escuelas secundarias. Y en el área jurídico penal en 1954, en la cárcel de Mujeres de la ciudad de México, se incluye en el personal a trabajadoras sociales (Valero, 1994).

Capítulo 4

IV. Estructura filosófica y teórica del trabajo social

El abordaje de cualquier área de conocimiento, sin duda se compone de las esferas filosófica, teórica y metodológica. En este capítulo, revisaremos generalidades de las dos primeras.

4.1 Introducción a la epistemología

Concepto. Mario Bunge (1980) define a la epistemología como filosofía *de, en, desde, con* y *para* la ciencia. Esta alusión de los supuestos filosóficos de lo que hoy conocemos como ciencia, tiene el objetivo de presentarnos no sólo el *conocimiento científico*, sino el *cómo conocemos*, los *tipos de conocimiento posibles*, su grado de *verdad* y la relación entre el *objeto de conocimiento* y el *sujeto cognoscente*.

Llamada también la teoría del conocimiento, la epistemología es la disciplina filosófica que investiga el origen del conocimiento, así como sus alcances y fundamentos. (Camacho & López, 2009).

Es un tema que ha ocupado a los filósofos desde tiempos remotos y por supuesto también a las ciencias. Por ejemplo, Platón distingue sobre la naturaleza del conocimiento, entre creencia o conocimiento vulgar, no sometido a rigurosa reflexión crítica (*dóxa*) y conocimiento verdadero, reflexivo y elaborado con rigor (*epistéme*).

Origen del conocimiento. Un problema central ha sido entonces, el *cómo conocemos* todo lo que existe. ¿Conocemos las cosas como son, o lo que conocemos en realidad son las ideas que nuestra razón formula de esas cosas? Comienza formalmente el abandono de la lógica divina religiosa que indicaba que la verdad venía de Dios sin necesidad de mayores demostraciones. Para explicarlo surgieron dos principales posturas filosóficas:

* Racionalismo. Considera que la fuente y prueba del conocimiento reside en el pensamiento. Su método para conocer es el deductivo y su modelo, el matemático. Su principal representante es René Descartes en el siglo XVII, no en vano es memorable su famoso "Cogito, ergo sum" o *pienso luego existo*. Descartes plantea que todo conocimiento verdadero está fundado en la razón, y se alcanza por el método de la *duda metódica*. Este consiste en dudar de las percepciones que nos dan los sentidos, porque muchas veces nos confunden.

* Empirismo. Plantea que sólo podemos tener un conocimiento directo a través de los sentidos y la experiencia. Esta corriente dice que la fuente de todo conocimiento es la experiencia sensible o percepción; no puede haber conocimientos o principios innatos. Dice también que mientras los pensamientos son abstractos, indefinidos y vagos, las impresiones de los sentidos son intensas y precisas y por ello forman la base de nuestros pensamientos. Su método es el inductivo y su modelo el de las *ciencias empíricas.*

Tipos de conocimiento. Comenzaremos anotando que información y conocimiento no son lo mismo. Mientras que la primera es un conjunto de datos organizados de forma coherente o no, el conocimiento en cambio es la *aprehensión* consciente del sentido y significado de la información. El conocimiento es un proceso que implica la relación entre el sujeto cognoscente y el objeto cognoscible, donde el sujeto se dirige intencionalmente a aprehender las cualidades esenciales del objeto para luego formarse una representación (Ferrer, 1985).

La clasificación más simple del conocimiento distingue:

* * Conocimiento de sentido común. Es personal, no trasciende la apariencia y la percepción, no es consciente de sí mismo, es acrítico, arbitrario y no demostrativo.

* * Conocimiento científico. Es demostrativo, lógico y preciso. Requiere significados y nomenclaturas (también neologismos) universales que para fines heurísticos simplifican su comunicación.

* * Conocimiento filosófico. Es una explicación racional del mundo. Busca encontrar la esencia de las cosas.

Sartori (1996) parte de que el conocimiento puede ser de *sentido común* o *especializado.* Y concluye que este último se subdivide en:

a) Saber especulativo. Imágenes concebidas. Formación de conceptos e ideas. Es ultra representativo y busca la esencia última de las cosas. Responde a la pregunta ¿por qué? Se trata del conocimiento filosófico o metafísico (que va más allá de los datos físicos o de la empiria).

b) Saber descriptivo. Imágenes percibidas. Sentidos, observación. Responde a las preguntas ¿qué?, ¿cómo? Se trata del *conocimiento empírico*, en el sentido de que proviene de la experiencia.

c) Saber imaginativo. Se construye con un bagaje de fantasía, con la imaginación. Aquí se incluye al arte.

Esta clasificación representa la filosofía, la ciencia y el arte como tipos de saberes especializados.

Define el *conocimiento empírico* como un saber práctico de la ciencia basado en la experiencia, dentro de una clasificación de los niveles epistemológicos de verdad o de exigencia cognoscitiva. Todos ellos igualmente válidos, entendiendo que en cada uno hay predominio y prioridades determinados.

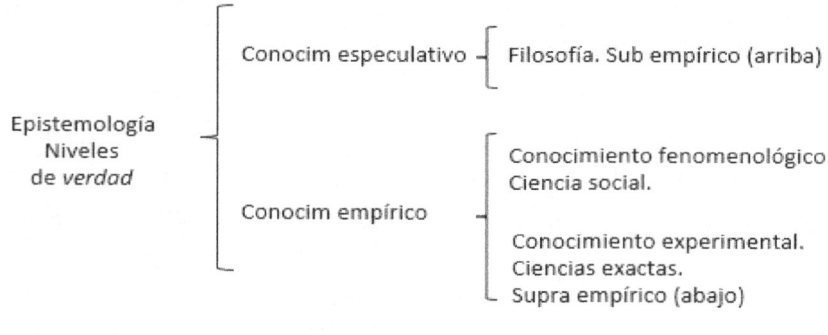

Elaboración propia

En este sentido, no se debe confundir conocimiento *empírico* con conocimiento de *sentido común*, pues aquí es referido al conocimiento científico basado en lo observable como forma metódica de estudiar la realidad, conviniendo en que, entre los distintos *saberes*, se encuentra el saber popular que es legítimo como característica esencial del ser humano y se establece como una construcción social de encuentro de conocimientos culturales.

4.2 La ciencia en Trabajo Social

Se entiende por ciencia un conjunto de conocimientos obtenidos a través de un proceso (método científico), que Mario Bunge (1980) describe como racional sistemático, exacto, verificable, y por consiguiente, falible, sobre la realidad. Dice además que es un sistema de ideas establecidas más o menos *provisionales* - refiriéndose al conocimiento científico (que es cambiante), y una actividad productora de nuevas ideas –aludiendo a la investigación científica.

Efectivamente, la ciencia se compone de conocimientos obtenidos a través del método científico, y que son producto de las investigaciones que planifican, desarrollan y divulgan, las/los investigadores de los diferentes campos disciplinares.

El trabajo Social pertenece al campo de las ciencias sociales, por tanto, los trabajadores sociales y otros profesionales de lo social, contribuimos a forjar la ciencia social.

De esta forma podemos apuntar que para el Trabajo Social, el *dominio científico* está dado por la fundamentación teórica desde las ciencias sociales y la investigación como actividad científica, mientras que el *dominio disciplinar* está compuesto por la metodología específica, y valores propios de nuestra disciplina. Pero esta metodología, indudablemente sigue un orden racional, fáctico, concreto, científico, desprovista hoy, de los matices caritativos y filantrópicos de nuestros inicios.

En consecuencia, la intervención de Trabajo Social es un procedimiento científico orientado a la modificación y mejoramiento de la realidad social de las poblaciones que atendemos. Por ello, es posible hacer una comparación de las etapas específicas de esta, con las del método científico general, como en el caso de cualquier otra disciplina científica.

Comencemos por revisar cómo se constituye la ciencia.

Contiene 3 **elementos** esenciales (García de Alba & Melian, 1993):

a) *Contenido.* Cuerpo conceptual de conocimientos, leyes y teorías sobre la realidad.
b) *Campo.* Área específica de actuación dentro de la realidad empírica.
c) *Procedimiento.* Proceso para obtener el conocimiento. Método científico.

También puede decirse de otra forma: *Leyes, Objeto de estudio* y *método* (González Uribe, 2001)

El *conocimiento científico* se construye con la actividad empírica o sensible y con la intelectual o racional, pues mientras que la primera da cuenta de los fenómenos, la segunda recoge y expone las relaciones entre ellos (Gutiérrez Sáenz, 1984).

Características de la ciencia:

Fáctica. Parte de los hechos y la realidad concreta.

Trasciende los hechos. Va más allá de las apariencias.

Verificable. Los enunciados son contrastados con la realidad empírica.

Metódica. Contiene reglas metodológicas organizadas y más o menos estandarizadas en el método científico.

Explicativa. Expone, precisa y describe la realidad encontrada.

Especializada. Aborda los hechos desde una parcelación para su estudio.

Comunicable. Es expresable, informativa y pública.

Abierta y progresiva. Sus enunciados son falibles y susceptibles de ser confirmados o refutados.

General. Sus enunciados buscan la representación de patrones regulares, aunque nacen de hechos singulares.

Clasificación de la ciencia:

Las ciencias se clasifican de varios modos. Nos basaremos en el de Bunge (1980).

* Ciencias formales. Son las consideradas puramente racionales o ideales. Son la Lógica y la Matemática.

* Ciencias factuales. Son las que trabajan con la realidad empírica. Ciencias naturales y ciencias sociales.

Objetivos de la ciencia. Con base en Gutiérrez Sáenz (1984)

La ciencia busca cumplir algunas tareas (que al mismo tiempo nos remiten a sus métodos específicos):

Describir. Nombra las características observables de un hecho ¿qué?, ¿cómo?

Explicar. Expone patrones regulares de los fenómenos y sus relaciones. Plantea las causas del hecho descrito. ¿Por qué?

Interpretar. Recoge el contenido material para comprender la realidad, de acuerdo a un contexto específico.

Predecir. Se adelanta a los hechos del futuro, de acuerdo a ciertos criterios establecidos.

Aplicar. Aspira también a resolver problemas prácticos.

Método científico.

A principios del siglo XVII Francis Bacon fue uno de los primeros en intentar organizar el método científico y en apuntar que la ciencia moderna "tiene la finalidad de mejorar la suerte del hombre en la tierra" (Chalmers, 1990). Es un concepto complejo creado por la filosofía de la ciencia y representa la metodología que define y diferencia el conocimiento de la ciencia, de otros tipos de conocimiento. Veamos:

Método significa camino para conseguir un fin propuesto. Por lo tanto, método científico es el *procedimiento* lógico para lograr los objetivos de la ciencia. Según Eli de Gortari (1987) son modos de proceder para obtener conocimientos nuevos y verdaderos. Es un procedimiento riguroso, formulado lógicamente para la adquisición, organización o sistematización y transmisión de conocimientos tanto en su aspecto teórico como en su fase experimental.

Desde una perspectiva más amplia el método científico se considera el medio por el cual tratamos de dar respuesta a las interrogantes acerca de la naturaleza.

Existen diversas clases de método, dependiendo del área de su aplicación. Los llamados métodos básicos son el método *inductivo* (de lo particular a lo general), el método *deductivo* (de lo general a lo particular) y método *hipotético-deductivo* (reconstrucción lógica en la que se deduce a partir de premisas); de ellos se desprenden otros métodos compuestos que definen una estructura específica para las ciencias sociales, tales como el *hermenéutico, fenomenológico, dialéctico, etnográfico* y otros.

El método científico comprende en general las siguientes **etapas**:

* Observación de los fenómenos de la realidad
* Identificación de un problema o interrogante
* Recogida de la información
* Formulación de un supuesto, hipótesis u objetivos
* Comprobación de la hipótesis
* Construcción de leyes, teorías o modelos, como resultado de la viabilidad de la hipótesis demostrada.

El proceso metodológico en Trabajo Social tiene las siguientes etapas generales, que retomaremos más adelante:

* Recibimiento de la demanda del usuario y/o institución
* Identificación del problema para la intervención.
* Recogida de la información a través de la investigación
* Diagnóstico social y objetivos
* Diseño de la intervención
* Ejecución y evaluación

Se puede observar la similitud de las etapas del método científico con las etapas del proceso metodológico en Trabajo Social. Por supuesto que asumimos la tarea de trabajar en la complejidad de los entornos sociales de los usuarios, y las condiciones institucionales y estructurales para el desarrollo de nuestra labor, provista de ciencia y de humanismo.

Finalmente, cerrando el esbozo sobre la ciencia, es oportuna e ilustrativa la cita de Bertrand Russell que dice:

"… para que una civilización sea una buena civilización, es necesario que el aumento de conocimiento vaya acompañado de un aumento de sabiduría. Entiendo por sabiduría una concepción justa de los fines de la vida. Esto es algo que la ciencia por sí misma no proporciona." (Russell, 1969)

4.3 La teoría social y los problemas sociales

Comenzamos precisando algunos conceptos indispensables para entender la teoría social.

4.3.1 Conceptos de Paradigma, teoría y modelo.

*Paradigma. Es una perspectiva amplia de explicación del mundo, un sistema de creencias y conceptos de una comunidad científica, válida en un tiempo y espacio determinados. Legitima el discurso y las teorías como supuestos esenciales sobre un fenómeno concreto.

El término se vuelve significativo en la ciencia cuando lo emplea Thomas Kuhn en su famosa obra "La estructura de las revoluciones científicas" (Kuhn, 2004) y lo define como conjunto de realizaciones científicas universalmente reconocidas, que durante cierto tiempo proporcionan modelos de problemas y soluciones a una comunidad científica específica. Pone como ejemplo, a la astronomía y el paradigma de Ptolomeo que afirma que el sol gira alrededor de la tierra, frente al paradigma de Copérnico, que dice lo contrario. Esto implicaría una *refutación*, a la manera de Karl Popper (de acuerdo a su conocido proceso científico de refutación).

*Teoría. En oposición a práctica, es un elemento del pensamiento y no de la actuación. Es también una condición hipotética ideal que cumple normas y reglas, en la construcción de enunciados y que explica un conjunto de fenómenos.

*Modelo. Lévi Strauss (citado por Carvajal, 2001) lo denomina arquetipo originario del cual se construyen objetos que lo representan o lo significan.

Es una construcción simplificada y esquemática de la realidad que surge de una teoría y como tal puede ser contrastado empíricamente en la práctica.

Origen de la teoría social.

En los siglos que configuraron la edad moderna, indudablemente la ciencia tuvo un gran desarrollo, avanzando desde la época del oscurantismo hasta llegar a los grandes descubrimientos del periodo de la Ilustración, y es hacia el final de ese periodo en el siglo XVIII que se considera que surgen las ciencias sociales después de la publicación de la obra de Rousseau "el contrato social" (1762). Estas se irán arraigando durante la revolución francesa y la revolución industrial y tendrán su máximo desarrollo durante el siglo XIX. De hecho, hay autores que ubican sus comienzos al inicio del siglo XIX.

Desde luego hay que hacer notar que desde siempre ha existido preocupación intelectual de lo social, pero la novedad de los siglos XVIII y XIX, es la pretensión de estudiarlo científicamente (von Sprecher, 2005).

Como hemos revisado, toda ciencia tiene un *contenido* que establece su cuerpo de conocimiento o marco conceptual y determina sus procedimientos. El contenido de las ciencias sociales, es la teoría social.

La teoría social surge imitando el *paradigma* clásico de las ciencias que estudiaban la naturaleza, siguiendo su finalidad y procedimientos (métodos *experimentales)*, para enfocarse al estudio del hombre social.

Como es de esperarse, su acomodo en la "ciencia establecida", fue mucho más complicado partiendo de que el objeto de estudio de las ciencias sociales no es tan "controlable" como la naturaleza; la singularidad de los seres humanos, su historia, su experiencia, su lenguaje y toda su complejidad harían insostenibles los métodos experimentales y contundencia demostrativa a la que la ciencia aspiraba.

Este intento por parecerse a las ciencias naturales, se ha denominado *positivismo* y aunque hoy se le ve con desdén, marca los esfuerzos de los primeros teóricos sociales por hacer de la teoría social, una base sólida de leyes sociológicas. Estas normas o leyes, a decir del tiempo, no siempre pueden cumplirse.

Concepto de teoría social.

Aunque muchas veces los términos "teoría social" y "teoría sociológica", son usados como sinónimos, conviene hacer una distinción entre ellas de acuerdo con Steven Seidman (1995).

La *teoría sociológica* tiene un carácter general, que plantea una lógica de la sociedad, apartándose de los conflictos sociales localizados, para analizar las condiciones de los fenómenos sociales totalizantes, de la *acción social*, del *conflicto* y del *cambio* macrosocial. Se separa de los marcos contextuales para enunciar la condición del hombre universal y las leyes sociológicas en un sentido filosófico.

Mientras que la *teoría social* es un conjunto de teorías de menor generalidad, de aspectos particulares de la sociedad y está típicamente conectada a los conflictos sociales, emerge de ellos y trata de afectarlos; investiga el contexto histórico para la construcción de conocimiento que permita orientar la acción como tarea *praxiológica* (recordando que, con *praxis*, nos referimos a la acción con fundamento y reflexión).

Además, la teoría social, proviene de distintas disciplinas sociales.

Ambos tipos de teorías conviven y se fundamentan una a la otra, compartiendo contenidos. Así podríamos más bien decir *corrientes sociológicas* o *corrientes epistemológicas* (a las que una teoría social en particular, comúnmente se adhiere), y *teorías sociales* -en plural. Dicho de otro modo, constituyen la filosofía y la ciencia, trabajando en conjunto, para constituir una forma de abordaje.

En el siguiente cuadro podemos apreciar rápidamente esta diferenciación, que es importante para construir nuestro bagaje de trabajo en la investigación y/o la intervención.

Diferencias entre CORRIENTE SOCIOLÓGICA (filosófica) Y TEORÍA SOCIAL

CORRIENTES SOCIOLÓGICAS-FILOSÓFICAS	TEORÍAS SOCIALES
Carácter general	Carácter específico
Plantea una lógica de la sociedad Explica la condición del hombre social	Explica una lógica de las situaciones sociales
Analiza los fenómenos sociales TOTALIZANTES	Analiza los fenómenos sociales LOCALIZADOS
Utiliza leyes sociológicas universales	Da explicaciones particulares
No pretende resolver los conflictos	Está conectada a los conflictos sociales, emerge de ellos y trata de afectarlos
Ejemplos: Positivismo, materialismo, el neopositivismo, la fenomenología y la hermenéutica, entre otras	Ejemplos: Teoría crítica, teoría de la complejidad, interaccionismo simbólico, teoría de sistemas, teoría ecológica

Elaboración propia

La Teoría Social entonces se define como: toda generalización relativa a los fenómenos sociales concretos, establecida con el rigor científico necesario para que pueda servir de base a la interpretación sociológica.

Lo importante para el científico es elaborar modelos que se correspondan con las percepciones acumuladas, de ahí la importancia de la verificación y demostración que permiten confrontar los datos con la teoría, -y refutarlos de acuerdo con Karl Popper (1962).

Según Jeffrey Alexander (1992), la *teoría* es simplemente una generalización separada de los particulares, una abstracción separada de los casos concretos. Sin embargo, enseguida precisa que no se trata sólo de acumular casos específicos para hacer generalizaciones *inducidas*:

> la teoría no se puede construir sin datos, pero tampoco sólo con datos [...] el razonamiento teórico tiene una relativa autonomía respecto del 'mundo real' [...] se genera tanto por los procesos no fácticos o no empíricos que preceden al contacto científico con el mundo real, como por la estructura del mundo real. [...] Este elemento no depende de las observaciones, sino de las tradiciones.

63

En ese sentido, las diferentes *tradiciones* filosóficas y sociológicas suelen enfatizar un elemento más que otros para desarrollar la estructura de su contenido. Así, veremos que la tradición marxista considera decisiva la estructura económica e ideológica, mientras que la tradición weberiana destaca la visión comprensiva y subjetiva de la acción social.

En sentido estricto, la filosofía y la ciencia, como vimos son distintas, pero la primera da sustento a los supuestos básicos de la segunda, que se refieren a la naturaleza y niveles de conocimiento de sus objetos de estudio. Ese sustento forma parte de las escuelas filosóficas como el positivismo, el materialismo, el neopositivismo, la fenomenología y la hermenéutica, entre otras.

Objeto de estudio de la teoría social.

El propósito de la teoría social es la construcción de modelos descriptivos y explicativos de la realidad social concreta. Es decir, *conceptualiza* el objeto de estudio de las ciencias sociales que es: la atención a las manifestaciones materiales y simbólicas del ser humano en la sociedad.

Naturaleza de la teoría social

Si se toma en cuenta que cuando surge la teoría social el pensamiento predominante era el aristotélico, que definía que las cosas eran naturales y ya determinadas, por ejemplo, el estatus de las personas, la pobreza, las virtudes, etc., entenderemos que la teoría social nace por una necesidad de la burguesía emergente para legitimarse política y filosóficamente como un nuevo sector con poder cuando entonces la monarquía lo ejercía *por naturaleza*. Los burgueses necesitaban justificar su existencia para acceder al poder y entonces arraigaron la idea de libertad y de que el acontecer histórico no es genético o determinado, sino producto de las decisiones humanas.

En este sentido, comenzó a cuestionarse la estructura del Estado y de las instituciones existentes, para replantear las posiciones dominantes y las de opresión. De acuerdo con Ruiz Vinueza (2009) la tarea fundamental de las ciencias sociales es "mostrar que no existe *naturaleza humana –o destino,* en el sentido de fatalidad [...] luchar contra estas ideas discriminadoras."

Para algunos autores, en la época actual de profundas crisis llamada posmodernidad, se ha abandonado la búsqueda de la transformación social, que movió la modernidad, inspirada en el pensamiento de la revolución francesa:

> "El posmodernismo renuncia al ídolo moderno de la emancipación humana [...] La esperanza de una gran transformación es reemplazada por la más modesta aspiración de una defensa incansable de los placeres y de luchas por la justicia, que son locales e inmediatas. El posmodernismo ofrece la posibilidad de un análisis social que tome en serio la historia de crueldad y represión de la modernidad occidental sin rendirse a la falta de crítica..." (Seidman, 1995)

La teoría social y su aplicación en las ciencias sociales

La relación teoría-práctica requiere una clara demarcación, en donde los filósofos han debatido ampliamente. Se distingue algunas formas en que se da (Sartori, 1996):

1. Teoría sin práctica: Conocimiento metafísico (filosofía), lo cual no implica que se omita la influencia, efectos y repercusiones prácticas.

2. Práctica sin teoría: Cuando se ignora la teoría o se aplica una errónea. Esto no excluye que aún la práctica más instintiva implica premisas mentales.

3. Teoría dependiente de la práctica: a) La teoría sigue a la acción, b) la teoría describe la práctica, c) la teoría es expresión de una época. (Como en los procesos de investigación y sistematización de la práctica profesional).

4. Práctica dependiente de la teoría. Es la acción inteligentemente llevada o saber programado.

Desde la perspectiva de Trabajo Social, la práctica es lo esencial, pero en la medida que se fundamente, podrá incidir mejor.

Es probable que la principal aplicación de la teoría social sea, según la afirmación de Marx (citado por Martín Serrano, 1975) que *toda teoría sobre el sistema social equivale a un instrumento de control sobre ese sistema.*

Michel Foucault por ejemplo propone que el desarrollo de las ciencias sociales y sus producciones teóricas, se dio a partir del binomio saber-poder, necesario en el capitalismo, como medio de control social y de vigilancia sobre lo potencialmente "peligroso"; papel que la medicina y la psiquiatría ya habían ejercido al servicio del poder del Estado. Este sería el "Estado terapéutico" y el "Estado disciplinario" (Foucault, 1993).

Independientemente de la lectura que se dé al papel de las ciencias sociales, la teoría nos permitirá el análisis de los fenómenos sociales y el manejo de la metodología científica, no sólo para procurar transformaciones que beneficien a las personas, sino también para evitar fallas en la toma de las decisiones al implementar proyectos de intervención en cualquier área de lo social, por ejemplo con grupos suburbanos, rurales o indígenas sin vincularlos a sus modelos socio económicos y culturales, o cualquiera otra.

Abordaje de los problemas sociales en Trabajo Social.

Para los trabajadores sociales es muy importante el logro de los objetivos históricos de la disciplina, contribuyendo a la mejora de los espacios en los que trabajamos, y como cientistas sociales fundamentar la práctica social incidiendo en una realidad concreta. Citando a Romo:

> ...el hombre es un ser con capacidad y necesidad conceptual; un ser de necesidades físicas y espirituales, pero no es una abstracción sino un ser concreto de necesidades, a menudo, inhibido por la naturaleza del mundo social en el que se desenvuelve dentro de un momento histórico definido (Romo, 1978).

David Howe Trabajador Social inglés, en su obra *Dando sentido a la práctica. Una introducción a la teoría del trabajo social,* citada por Escolar & Travi (2010) analiza algunas tendencias en el colectivo profesional, que llama practicismo o institucionismo. En su estudio demuestra la utilidad e importancia de la teoría para el desarrollo profesional asumiendo que no existen "prácticas neutras" o a-teóricas, siendo su tesis principal que "la teoría sostenida por un trabajador social determina fundamentalmente el carácter de su trabajo en cada estadio del proceso de práctica". Dice también que teorías diferentes nos proporcionan explicaciones diferentes de un mismo fenómeno y cómo su aplicación conduce a distintos tipos de práctica.

Concluiríamos que la interpretación y abordaje de acción en los problemas sociales, está definido en gran medida por las teorías que adopte el profesional de Trabajo Social, y que su conocimiento de ellas no solo enriquece su desempeño, sino además lo facilita.

4.3.2 Teorías sociales para interpretar la realidad.

Las corrientes sociológicas generales, como ya se mencionó dan pie a muchas teorías sociales particulares que son una gama muy extensa de explicaciones de la realidad, y que este trabajo no pretende abordar más que como una introducción a su estudio, con base en la sociología clásica de Ritzer (1993).

Existen dos principales grandes formas de dividirlas.

La primera y más simple es por la temporalidad:

1) Teoría clásica. La desarrollada en el siglo XIX llamada decimonónica (por decimonovena), precisamente por corresponder a esa etapa de inicio y gran desarrollo de la ciencia social. Los supuestos que exponen han sido grandes paradigmas dentro de la ciencia social y se convirtieron en puntos de partida. Sus principales autores son Comte (1798-1857), Durkheim (1858-1917), Marx (1818-1883) y Weber (1864-1920), por mencionar sólo a los más representativos.

2) Teoría contemporánea. Es la que se despliega a partir de la segunda guerra mundial y que se caracteriza por reflejar desarrollos (generalmente partiendo de las primeras) alrededor de

la época y sociedad actual. Son innumerables sus autores, pero comienza con los trabajos de Talcott Parsons (1902-1979), representante de la teoría norteamericana y punto intermedio entre lo clásico y lo contemporáneo. Otros muy significativos son Shütz (1899-1959), Merton (1910-2003), Foucault (1926-1984) Luhman (1927-1998), Habermas (1929), Bordieau (1930-2002) y Giddens (1938).

La segunda forma de clasificación es por la perspectiva que plantean de la *estructura* y *acción* social. Es decir, la visión de sociedad e individuo que plantean y aunque es muy complejo agruparlas manteniendo un nivel introductorio, se presentan los grandes paradigmas sociológicos que las contienen:

Hay dos tendencias en la visión de la *estructura* en el *debate sociológico* desde los inicios de la sociología: Las teorías del consenso y las teorías del conflicto (Ritzer, p. 104), aunque hoy hay una tendencia a la integración. Y una tercera de la *acción*.

1) Teorías del consenso. Consideran que es fundamental que normas y valores sean comunes para la sociedad. El orden social se basa en un acuerdo tácito. El cambio social se produce de forma lenta y ordenada. Se consideran teorías conservadoras que destacan el *control social.*

Los representantes de este paradigma se ubican desde la antigüedad con Platón, posteriormente Sto. Tomás de Aquino, Hobbes, Rousseau, Comte, Durkheim, Parsons y Merton. La teoría más representativa es el estructural funcionalismo, que considera a la sociedad como un todo ordenado y estable.

Sus supuestos son: la sociedad es una unidad donde cada una de sus partes funciona sin conflictos que no puedan regularse. Todas las partes cumplen funciones necesarias que, de no efectuarse, pondrían en riesgo a la sociedad. Para los funcionalistas las sociedades disponen de mecanismos capaces de regular conflictos.

Sus objetivos son adaptación al ambiente, conservación del modelo y control de tensiones, integración. De acuerdo al rol que asuman las partes serán "funcionales" o "disfuncionales". Tiene una visión biologicista de la sociedad, es decir la entienden como una entidad orgánica. El encargado de la integración es el sistema institucional, por lo que la forma de poder institucional queda naturalizada.

2) Teorías del conflicto. Subrayan el dominio de unos grupos sociales sobre otros. Señalan que el orden social se basa en la manipulación y control de los grupos dominantes. El cambio social se produce rápida y desordenadamente a medida que los grupos subordinados vencen a los dominantes. Destacan entonces una postura progresista de cambio social.

Sus representantes han sido a través del tiempo, Aristóteles, San Agustín, Maquiavelo, Locke, Marx, Simmel, Dahrendorf. Contienen una serie de teorías, muchas de ellas inspiradas en Marx como la teoría crítica. Sus análisis se enfocan en conceptos como hegemonía, ideología y alienación.

Sus supuestos son: el cambio es permanente en todos los niveles de la sociedad. La energía creadora que impulsa el cambio es el conflicto social, ellos varían en intensidad y amplitud, pueden incluso ser temporalmente regulados, pero no desaparecen nunca de las sociedades; las sociedades no se mantienen unidas por el consenso sino por diversas formas de coacción, los conflictos están siempre presentes porque la coacción está en todas partes siempre que los hombres constituyan cualquier tipo de asociación pues esta implica el establecimiento de relaciones de autoridad.

3) Interacción simbólica. Existe también un gran apartado de teorías que se enfocan más que al estudio de las *estructuras* sociales o desde el nivel de sociedad como totalidad, destacan sobre todo la perspectiva de la *acción* desde la persona (individuo) y sus relaciones e interacciones sociales. Es una perspectiva microsociológica e interpretativa.

Sus representantes son G.H. Mead, W. James, J. Dewey, W. Thomas, Max Weber, entre otros. Sus supuestos son: los seres humanos actúan sobre las cosas con la base del significado que dichas cosas tienen para ellos. Esos significados son un producto de la interacción social en la sociedad humana y son manejados y modificados mediante un proceso interpretativo utilizado por cada individuo. La interacción simbólica es la interacción que tiene lugar entre las personas y los significados que caracterizan a las sociedades humanas.

Comprende a la sociedad en términos de los individuos que la conforman y a los individuos en términos de las sociedades de las que son miembros, es decir la conducta humana social no se define por la fuerza social externa ni por la fuerza individual interna, sino por la que hay *entre* ambas entidades. El sujeto es auto-reflexivo y dirigido por el yo, en una construcción circular con su medio social.

4.4 Aproximación a la investigación social

Investigar es una tarea tan natural en el ser humano, como la capacidad de asombro y curiosidad con la que nacemos. El pensar científico, no es otra cosa que el *deseo de conocer* y para ilustrarlo conviene recordar una frase muy significativa de un pilar de la ciencia y la filosofía: "ciencia no es posesión de conocimiento, sino búsqueda de la verdad" (Karl Popper, 1998).

En este apartado, veremos las partes de la investigación científica general, con el objetivo de orientar la acción de investigación de Trabajo Social, para relacionarla con el proceso metodológico, que busca la intervención social. Aunque cabe aclarar que algunas veces, la labor profesional termina en la investigación, sin intervención, como en el caso de los informes sociales que serán una herramienta para otras áreas (como un juzgado, por ejemplo).

Concepto. La investigación social es un conjunto de procesos sistemáticos, críticos y empíricos que se aplican al estudio de un fenómeno social (Hernández Sampieri, R., Fernández, C., y Baptista, P., 2014).

También se define como una actividad ordenada, encaminada a la solución de problemas. Su objetivo consiste en hallar respuesta a preguntas mediante el empleo de procesos científicos (Cervo y Bervian en cita de Arias, 1999).

La investigación científica implica:

a) El descubrimiento de algún aspecto de la realidad.

b) La producción de un nuevo conocimiento, el cual puede estar dirigido a incrementar los postulados teóricos de una determinada ciencia (investigación pura o básica); o puede tener una aplicación inmediata en la solución de problemas prácticos (investigación aplicada).

Se parte de que la realidad tiene dos elementos principales: la realidad interna y la realidad externa.

Realidad interna: son las creencias, presupuestos y experiencias subjetivas de las personas. Entendiendo por subjetivo lo que refiere a la singularidad del *sujeto*. Pueden ser muy vagas (intuiciones) o creencias bien organizadas y formales.

Realidad externa: es objetiva (refiriéndonos al *objeto*) y por lo tanto independiente de las creencias que existan sobre ella. Hechos susceptibles de conocerse de forma autónoma.

Tipos de investigación. *Según su finalidad*, la investigación se plantea la descripción, explicación y predicción de los fenómenos. Es posible que en la práctica, se requiera una combinación de estos tipos de estudio.

Estudio descriptivo. - Pretende conocer las relaciones y aspectos de los fenómenos que suceden en la sociedad, caracterizando y jerarquizando los problemas encontrados.

Estudio explicativo. - Se apoya en las teorías sociales pertinentes para explicar e interpretar un fenómeno, estableciendo sus relaciones causa-efecto.

Estudio predictivo. - En algunos casos existe la posibilidad de diseñar experimentos para predecir con cierto grado de error los resultados en términos de tendencias de los procesos sociales.

Según los enfoques metodológicos, una investigación puede ser cuantitativa, cualitativa o mixta.

* Enfoque cuantitativo. - Es un tipo de investigación que incluye una recolección de datos para probar hipótesis con base en mediciones numéricas para establecer patrones. Se enfoca en la realidad *externa* (véase la explicación anterior), aunque se intenta establecer la adecuación del *sujeto* a ella.

Este enfoque parte de que la realidad social es cognoscible y existe un consenso en su exposición.

* Enfoque cualitativo. - Se define como un conjunto de prácticas interpretativas que contienen una serie de representaciones de la realidad. Es *naturalista* (porque estudia a los objetos y seres vivos en sus contextos o ambientes naturales y cotidianeidad) e *interpretativo* (pues intenta encontrar sentido a los fenómenos en función de los significados que las personas les otorguen).

El proceso es circular y dinámico entre los hechos y su interpretación. Esto quiere decir que es necesario intercalar las etapas de la investigación de acuerdo a su desarrollo. Utiliza la recolección de datos sin medición numérica para descubrir la realidad y describirla o explicarla. Se enfatiza la obtención de los significados y puntos de vista de los participantes, además de las interacciones entre individuos, grupos y colectividades.

Este tipo de investigación, se basa en una lógica inductiva (de lo particular a lo general). Es más compleja y flexible, pero con frecuencia más completa.

Parte de que la realidad se define a través de interpretaciones y por eso se reconstruye de acuerdo a un *sistema social* previamente definido. Esto significa que se trabaja con un concepto muy importante: los patrones culturales, que son modos únicos de entender situaciones y eventos para un grupo, momento y lugar determinados.

* Enfoque mixto. - Es la combinación de los anteriores. En general hoy se asume que las aproximaciones a los fenómenos incluyen ambos enfoques, el cuantitativo y el cualitativo, para complementar su conocimiento sobre ellos.

Proceso de la investigación.

El proceso de la investigación comprende 3 grandes etapas (Arias, 1999):

a) Planificación. Se refiere al diseño de la investigación, que comprende el *proyecto de investigación.*

b) Ejecución o desarrollo. Es la aplicación en campo. Implica la utilización real de técnicas e instrumentos.

c) Divulgación. Es la fase de comunicación de resultados según la finalidad con la que se hizo la investigación.

Se aborda sólo la fase de planificación, para la elaboración del proyecto de investigación, en donde se anota al mismo tiempo el orden sugerido por el autor citado.

* ASPECTOS PRELIMINARES.

a) Portada. Deberá contener los siguientes datos: institución, título, autor, tutor (si lo hay), lugar y fecha.

b) Índice

c) Introducción

Se recomienda contemplar los siguientes aspectos:

- Breve reseña del tema, del problema por investigar.

- Importancia de la temática, su vigencia y actualidad.

- Propósito o finalidad de la investigación.

* CUERPO DEL PROYECTO.

1. El problema.

1.1 Planteamiento del problema. - Consiste en describir de manera amplia la situación objeto de estudio, ubicándola en un contexto que permita comprender su origen y relaciones. Durante la redacción, es conveniente que los juicios emitidos sean avalados con datos o cifras provenientes de estudios anteriores. Puede formularse el problema específico en forma interrogativa o declarativa.

Al plantear el problema, se recomienda precisar: Elementos del problema: datos, situaciones y conceptos relacionados con el mismo. Hechos anteriores que guardan relación con el problema. Situación actual. Relevancia del problema.

1.2 Objetivos. - Son metas que se traza el investigador en relación con los aspectos que desea indagar y conocer. Estos expresan un resultado y se redactan en forma afirmativa lo que expresa el planteamiento del problema. Se usan verbos en infinitivo como conocer, determinar, caracterizar, detectar, etc. También puede definirse objetivo general y particulares.

1.3 Justificación de la investigación. - Se señalan las razones por las cuales se realiza la investigación, y sus posibles aportes desde el punto de vista teórico o práctico. Para su redacción, se recomienda responder las siguientes preguntas: ¿Por qué se hace la investigación? ¿Cuáles serán sus aportes? ¿A quiénes pudiera beneficiar?

1.4 Limitaciones. - Son obstáculos que eventualmente pudieran presentarse durante el desarrollo de la investigación.

2. Marco Teórico.

El marco teórico de la investigación es el compendio de una serie de elementos *conceptuales* que sirven de base a la indagación por realizar. Puede tener tres secciones:

2.1 Antecedentes. - Es también llamado estado de la cuestión o estado del arte y se refiere a los estudios previos que hay sobre el tema a investigar. Se señalan los autores, el año y los hallazgos encontrados, vinculados a nuestro estudio.

Este elemento puede aparecer antes de los objetivos, pues generalmente se inicia la investigación con su revisión.

2.2 Bases teóricas. - Comprenden las teorías y proposiciones que constituyen un punto de vista o enfoque determinado, dirigido a explicar el fenómeno o problema planteado. Esta sección puede dividirse en función de los tópicos que integran la temática tratada o de las variables que serán analizadas. Generalmente aclaran la postura del investigador ante el fenómeno investigado.

2.3 Definición de Términos básicos. - Consiste en dar el significado preciso y según el contexto a los conceptos principales o expresiones involucradas en el problema formulado. Es necesario que se indique el sentido en que se utilizan términos en el estudio.

2.4 Sistema de hipótesis. - La formulación de hipótesis es pertinente en investigaciones de nivel explicativo, donde se pretende establecer relaciones causales entre variables. En las investigaciones de nivel exploratorio y en algunas de carácter descriptivo comúnmente no se plantean hipótesis, se trabaja con objetivos.

Para la formulación de hipótesis se recomienda:

- Redactar de manera precisa, sin emplear juicios de valor, por ejemplo: bueno, malo, mejor, etc.

- Expresar las variables contenidas en el problema.

- Deben ser susceptibles de comprobación.

2.5 Sistema de variables. - Una variable es una cualidad susceptible de sufrir cambios. Un sistema de variables consiste, por lo tanto, en una serie de características por estudiar, definidas de manera operacional, es decir, en función de sus indicadores o unidades de medida.

3. Marco Metodológico.

La metodología del proyecto incluye el tipo o tipos de investigación, las técnicas y los procedimientos que serán utilizados para llevar a cabo la indagación. Es el "cómo" se realizará el estudio para responder al problema planteado. Se deberá determinar el nivel de investigación y su diseño.

3.1 Nivel de investigación. - El nivel de investigación se refiere al grado de profundidad con que se aborda un objeto o fenómeno. Aquí se indicará si se trata de una investigación exploratoria, descriptiva o explicativa (ver tipos de investigación). En cualquiera de los casos es recomendable justificar el nivel adoptado.

3.2 Diseño de investigación. - El diseño de investigación es la estrategia que adopta el investigador para responder al problema planteado.

Se clasifica en:

- Investigación documental: es aquella que se basa en la obtención y análisis de datos provenientes de materiales impresos u otros tipos de documentos.

- Investigación de campo: consiste en la recolección de datos directamente de la realidad donde ocurren los hechos, sin manipular o controlar variable alguna.

- Investigación experimental: Consiste en someter a un objeto o grupo de individuos a determinadas condiciones o estímulos (variable independiente), para observar los efectos que se producen (variable dependiente).

Esta última se diferencia de la investigación de campo por la manipulación y control de variables.

3.3 Población y muestra. - La población o universo se refiere al conjunto para *el* cual serán válidas las conclusiones que se obtengan: a los elementos o unidades (personas, instituciones o cosas) involucradas en la investigación.

La muestra es un subconjunto representativo de un universo o población. Se describe la población, así como el tamaño y forma de selección de la muestra, es decir, el tipo de muestreo, en el caso de que exista.

TIPOS DE MUESTREO

a) Muestreo Probabilístico: proceso en el que se conoce la probabilidad que tiene cada elemento de integrar la muestra. Puede ser muestreo al azar simple, sistemático o estratificado.

b) Muestreo no Probabilístico: procedimiento de selección en el que se desconoce la probabilidad que tienen los elementos de la población para integrar la muestra. Puede ser muestreo casual o accidental, intencional o por cuotas.

3.4 Técnicas e instrumentos de recolección de datos. - Las técnicas de recolección de datos son las distintas formas o maneras de obtener la información. Son ejemplos de técnicas; la observación directa, la encuesta en sus dos modalidades (entrevista o cuestionario), el análisis documental, análisis de contenido, etc.

Los instrumentos son los medios materiales que se emplean para recoger y almacenar la información. Ejemplo: fichas, formatos de cuestionario, guías de entrevista, grabadores, escalas de actitudes u opinión (tipo likert), etc.

3.5 Técnicas de procesamiento y análisis de datos. - En este punto se describen las distintas operaciones a las que serán sometidos los datos que se obtengan: clasificación, registro, tabulación y codificación si fuere el caso. Pueden ser técnicas lógicas: (inducción, deducción, análisis, síntesis) o estadísticas (descriptivas, inferenciales), para descifrar los datos obtenidos.

4. Aspectos Administrativos.

Los aspectos administrativos comprenden un breve capítulo donde se expresan los recursos y el tiempo necesario para la ejecución de la investigación.

4.1 Recursos Necesarios

Recursos Materiales: equipos, dispositivos, material de oficina, etc.

Recursos Humanos: asistentes de investigación, encuestadores o cualquier otro personal de apoyo.

Recursos financieros: se indican a través de un presupuesto.

4.2 Cronograma de actividades. - Se expresa mediante un gráfico en el cual se especifican las actividades en función del tiempo de ejecución.

5. Bibliografía y Anexos.

La bibliografía comprende un inventario de los materiales consultados citados, ordenados alfabéticamente a partir del apellido del autor.

Los anexos son los elementos adicionales que se excluyen del texto del trabajo. Los instrumentos de recolección de datos, glosarios, ilustraciones, y cualquier otra información complementaria son ejemplos de anexos.

Para finalizar, agregaríamos que, en el proceso metodológico específico de Trabajo Social, la investigación es una etapa, y que en la medida que busquemos utilizar los modelos de la investigación científica general, habremos de obtener un conocimiento más acorde con los preceptos científicos, y por lo tanto, más validados, para pasar, si así nos marcan los objetivos del caso, a las fases siguientes de intervención.

Capítulo 5
V.   Metodología del Trabajo Social

La investigación social, tocada en el capítulo que antecede, está muy ligada al tema de este apartado de las bases metodológicas, desde la perspectiva del actuar profesional fundamentado y científico, con especial importancia en la función diagnóstica del trabajo social. Ahora, comenzaremos por introducir algunos términos básicos sobre la intervención profesional, para después revisar sus tradiciones metodológicas.

5.1 Conceptos básicos en metodología.

Intervención social. La intervención de Trabajo Social se define como una estrategia profesional, reflexiva, intencional y planificada que se formula explícitamente, en un proceso que incluye conocimiento y acción. Implica supuestos ético - políticos, filosóficos, teóricos, y desde luego, metodológicos. Identifica actores sociales, escenarios donde se desempeñan, situaciones y circunstancias para promover el desarrollo de los sujetos de atención.

79

El concepto se ha venido problematizando y reflexionando, circunstancia que siempre la enriquece. Veamos:

El término intervención refiere la acción de un grupo o de una persona tendiente a transformar algo de manera voluntaria, consciente e intencionada. El concepto se asocia a otras acciones como, mediación, arbitraje, interposición e injerencia (De Robertis, Fundamentos del Trabajo Social, 2003). La palabra se usa en diferentes ámbitos, por ejemplo, intervención quirúrgica o intervención militar que remiten a una intromisión dirigida a cambiar un estado de las cosas.

Carballeda (2012) ha señalado que la intervención no es un episodio *natural*, sino una construcción *artificial* de un espacio-tiempo; de un momento que se constituye desde la perspectiva de múltiples actores: los que solicitan la intervención (institución, sujetos individuales o colectivos), y los sujetos profesionales.

Este concepto hace evidente la intencionalidad de la profesión de enfocarse en la modificación de la situación del usuario y aparece desde los primeros escritos profesionales.

La intervención profesional en Trabajo Social tiene objetivos muy concretos, que sobrepasan las consideraciones de lo privado para modificar situaciones de índole social o relacional de los sujetos. Busca mejorar la situación del sujeto a partir de su concepción como ente social, con todos los conflictos y compromisos del caso.

Corvalán (1996), identifica dos tipos de intervención social:

La. caritativo-asistencial.- Realizada desde una óptica de beneficencia que no necesariamente asume posturas críticas frente a la dinámica de base de la sociedad.

La sociopolítica.- Es la que asume objetivos societales más trascendentales de desarrollo.

Según Cristina de Robertis (*op. cit*) es también un *método* que nace por oposición al método clínico richmoniano y se le diferencia sobre todo por dos aspectos importantes: el papel del trabajador social (que ya no actúa como el que tiene el poder de curación) y por la consideración prioritaria de los aspectos de *oportunidad* del usuario (y no de sus aspectos "enfermos" o "desorganizados"). Para ello se requiere que el trabajador social cambie su estructura de pensamiento tradicional.

El papel del trabajador social es el de *agente de cambio* sobre todo en un nivel micro social y en medio de las contradicciones de la vida social; un cambio producido como modificaciones *desde el primer contacto* del profesional con el usuario y a lo largo del proceso. (En el método clínico las modificaciones se esperarían hasta la etapa de tratamiento).

Es también parte del proceso metodológico como se verá más adelante, en el entendido de que el Trabajo Social se hace desde un *conocimiento* previo, que posibilite la intervención.

En este punto, es importante aclarar los términos a los que nos referimos:

Micro social: Implica un plano en el que se afecta a individuos, familias o grupos pequeños.

Meso social: Es el plano medio en el que se pueden ubicar organizaciones o instituciones sociales.

Macro social: Se refiere a la intervención en sentido amplio en territorios, comunidades y sectores sociales en general.

La contradicción: Aspectos que se asumen como matizados desde distintos enfoques contrarios en una misma situación, dada la interdependencia en las relaciones de los sujetos sociales. Posición dialéctica.

Para llevar a cabo la intervención, el profesional de Trabajo Social se vale de un *modo de hacer las cosas*: la metodología.

La **metodología** implica el cómo se hace algo y con qué, en términos del diseño de una estrategia integral o global.

Podemos definirla como *la disposición ordenada y coherente del conjunto de métodos, técnicas e instrumentos que se establecen como estrategia para lograr un objetivo.*

Da estructura al proceso, ordenando las operaciones cognoscitivas (acción-reflexión) y las prácticas en la acción racional profesional, agrupa los principios teóricos y epistemológicos, así como los métodos para conocer o actuar sobre una realidad (Barreto, Benavides, Garavito, & Gordillo, 2003).

Método. Supone una ruta a seguir para alcanzar un fin. Se define como un procedimiento ordenado y sistemático que ha sido estructurado con anterioridad y propone una serie de pasos. Diremos también que se trata de un *proceso.*

Según Ander Egg (1992), es "el camino a seguir mediante una serie de operaciones, reglas y procedimientos fijados de antemano de manera voluntaria y reflexiva, para alcanzar un determinado fin que puede ser material o conceptual".

Técnica. Es una acción que permite desarrollar los métodos y requiere de habilidades específicas. Diremos que se trata de una *actividad.*

Nuevamente citamos a Ander Egg, que la define como un "dispositivo auxiliar" o procedimiento específico que hace operativos los métodos y que permite el control, transformación o manipulación de una parte específica de la realidad.

Instrumento. Es toda aquella herramienta que recoge la información recabada en las técnicas utilizadas y que permite el registro de las actividades. Es un *objeto.*

Elementos de la metodología:

La metodología necesariamente implica una *postura filosófica* y una *concepción teórica* determinadas. Lo importante es que el profesional lo asuma y lo conceptualice en su explicación de la realidad en que interviene. Puede decirse que sus elementos son:

* Postura filosófica
* Postura teórica
- Métodos y modelos de intervención
- Técnicas e instrumentos

Veamos en el siguiente cuadro, los supuestos en la intervención social, y los propios elementos de la metodología:

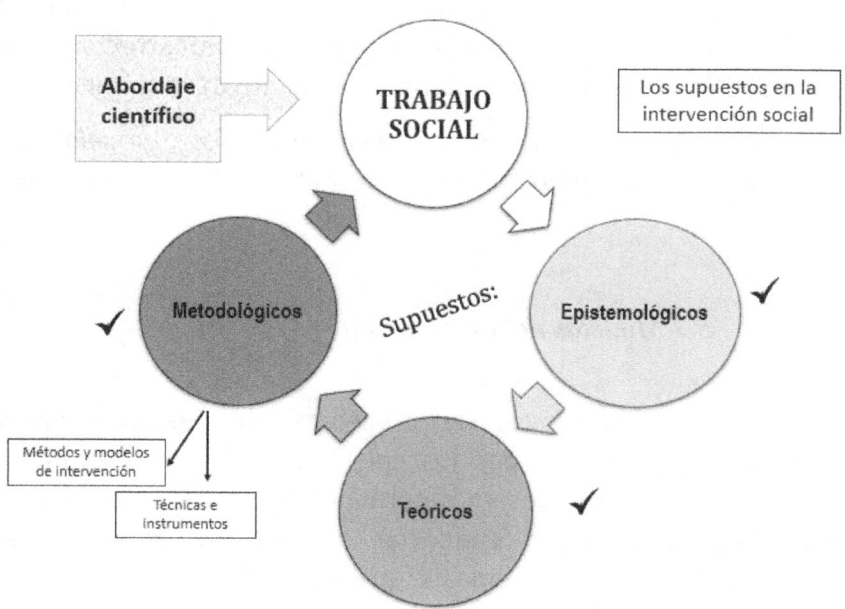

Elaboración propia

Características de la metodología en Trabajo Social

Como se ha señalado, el método en ciencias sociales es distinto que en las ciencias naturales sobre todo porque en estas últimas hay una relación principal de causa-efecto, por ejemplo "si hay nubes, entonces llueve"; en ciencias sociales la acción-efecto no tiene un orden. El efecto puede preceder a la causa porque "el animal simbólico" no sólo reacciona a los acontecimientos sino a sus expectativas de ellos (Sartori, 1996).

En trabajo social la metodología es muy importante y ha sido motivo de grandes debates y discordancias al interior de la profesión, mismos que la han enriquecido por representar muchos esfuerzos que surgen de la práctica y la intervención profesional. Existe un consenso substancial en que debe ser *dinámica, flexible y crítica*, y que está subordinada a la naturaleza dialéctica del quehacer social. Es viable en la medida que haya una comprensión rigurosa del movimiento de los actores sociales que intervienen, de la problemática y sobre todo de la interpretación correcta de las necesidades, intereses y expectativas del sujeto de intervención.

A continuación, revisaremos brevemente los *modelos de intervención* como elementos que permiten orientar la práctica profesional.

5.2 Modelos de intervención.

Son en general patrones de procedimientos estandarizados, "imitados", o asumidos por los colectivos profesionales en su práctica, y que -inspirados en determinadas escuelas o corrientes de pensamiento, marcan tendencias, orientan formas específicas de actuación y definen énfasis, principios y técnicas. Son un conjunto de principios que rigen la acción y que están referidos a un campo particular de problemáticas o situaciones. Deben combinar dos componentes básicos: uno conceptual (derivado de una teoría) y uno empírico que refleje la forma en que se administrará en la práctica incluyendo sus elementos instrumentales.

Ricardo Hill en 1979, presenta los modelos de intervención usados en Trabajo Social y para definirlos retoma el concepto de Werner Lutz como *conjunto de principios de acción referidos a un campo definido de fenómenos y experiencias, especifica las metas, condiciones, métodos y técnicas que se utilizarán* (Echeverría & Jacob, 1987).

Es necesario profundizar en su operatividad, sin embargo, brevemente se exponen los principales modelos propuestos por Hill y otros:

1. Modelo clínico normativo. Se aplica principalmente a relaciones familiares, de trabajo y de rendimiento escolar. Su base conceptual es la teoría psicoanalítica. Sus objetivos son adaptativos atendiendo los problemas de funcionamiento en términos de desempeño de roles, tipologías de tratamiento, y la ayuda para abandonar formas disfuncionales de conducta.

2. Modelo de trabajo participativo por objetivos o centrado en la tarea. Su base teórica es la teoría general de sistemas, teoría de la comunicación, de los roles y psicoanalítica. Su principio básico es situar al usuario en el centro de la intervención. Su metodología consiste en una *fase inicial* que sirve como exploración y jerarquización de problemas, define objetivos, planeación y tiempo de duración de la intervención. Después hay una *fase intermedia* en la que se realiza un contrato centrándose en las tareas. La *fase terminal* comprende la evaluación y cierre.

3. Modelo de intervención en crisis. Se aplica al manejo que el individuo (y/o el grupo familiar) hace de situaciones difíciles pero temporales, que no puede controlar con sus recursos habituales para resolver problemas y pueden ser de orden social, cultural o de desarrollo. Son generalmente crisis situacionales. Su base es la teoría actual del yo y los sistemas de autorregulación. Los procedimientos están estandarizados. La investigación es corta identificando la naturaleza de los factores precipitantes de la crisis.

4. Modelo de comunicación e interacción. Se ocupa de problemas de comunicación en familias u organizaciones sociales. Tiene base de la teoría conductista, de la comunicación y del aprendizaje social. Se busca modificar las distorsiones en las relaciones a través de reuniones conjuntas. El Trabajador Social señala las formas de interacción desapercibidas por los miembros, los ayuda a ser conscientes y los apoya para que se expresen.

5. Modelo de Provisión de servicios. Se dirige a los requerimientos de servicios sociales organizados, capacitando al sujeto (individual o colectivo) de acuerdo a su situación específica, sus necesidades y los recursos. Se basa en la teoría del estrés, la teoría del yo y la teoría de la organización. Actúa a través de recursos institucionales y capacitación de individuos y organizaciones.

6. Modelo radical. Parte de la responsabilización del sistema social y pone énfasis en los cambios de la estructura social. Su base es el materialismo dialéctico y teorías del poder. Actúa en la capacitación sobre políticas sociales y formación de ciudadanía.

En la clasificación de modelos de intervención que aporta la obra *Teorías contemporáneas del Trabajo Social* (Payne, 1995), se distinguen:

- Modelos psico-dinámicos
- Modelo de intervención en crisis
- El Trabajo Social casuista centrado en la tarea
- Modelos conductistas
- Modelo de sistemas y ecológicos
- Modelo socio-psicológico y de comunicación
- Modelos humanistas y existenciales
- Modelos cognitivos
- Enfoques radicales y marxistas
- Potenciación y defensa.

La profundización en el estudio de los modelos de intervención, por su extensión, sería motivo de otro trabajo por lo que únicamente se recomienda la revisión de las obras de Malcom Payne (1995) – ya citado; Mathilde Du Ranquet (1996) *Los modelos en Trabajo Social. Intervención con personas y familias*; Juan José Viscarret (2007) *Modelos y métodos de intervención en Trabajo Social*, y Ricardo Hill (1979) *Caso individual. Modelos actuales de práctica*.

5.3 Metodología tradicional

Para configurar los métodos de Trabajo Social, es necesario revisar la evolución de los mismos desde sus primeras conceptualizaciones en las que, dada la forma de dar atención a los sujetos que demandaban los servicios sociales, surgen los conceptos que aluden a los *niveles de intervención:* individual, de grupo y en comunidad, para dar paso a los llamados *métodos tradicionales* o *método clásico.*

Así, podemos decir que la metodología tradicional se compone por los llamados Método de Trabajo Social de Casos o Caso Social Individual, Método de Trabajo Social de Grupos y Método de Organización y Desarrollo de la Comunidad.

En sus orígenes representan las posturas sociológicas de los inicios de la profesionalización de acuerdo a la época (inicios del siglo XX) en que se buscaba desde las ciencias sociales la explicación a la realidad social, y la influencia de la psicología evolutiva y el psicoanálisis. Incluso, el método de casos, reflejó la tendencia a adjudicar los problemas de las personas a causas subjetivas debiendo "reajustarlas" al medio social, o buscar su "adaptación" o aceptación a las condiciones de la estructura.

Cabe destacar que la evolución de esta metodología, la ha ido separando de sus posturas epistemológicas iniciales, pues se entiende que sus orígenes positivistas, marcan una época del desarrollo del pensamiento y la ciencia. Esto no descarta que haya reminiscencias de estas posturas, pero actualmente incorpora otras concepciones epistemológicas diversas, y sigue siendo un pilar en la profesión, que a través de esta forma de abordaje busca incidir en el plano micro y meso social, con las repercusiones macro sociales resultantes.

A propósito, se presenta un cuadro basado en la clasificación de Charles Wright Mills (1916-1962) y de los trabajos de Barbero (2002) de los problemas sociales, en el cual se advierten los niveles de atención microsocial en individuos, familia y pequeños grupos, así como el nivel macro en comunidad y sociedad en general.

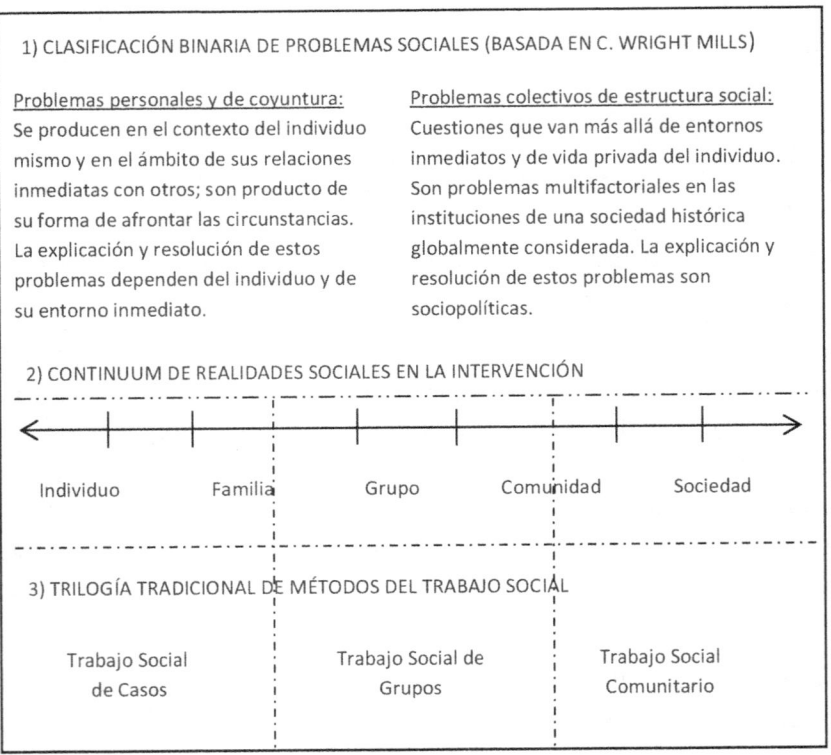

Adaptación propia basada en Mills (1959), y Barbero (2002)

5.3.1 *TRABAJO SOCIAL DE CASOS*

También conocido como Trabajo Social en la atención individualizada, en donde es importante señalar que actualmente se considera la atención al individuo y al sistema familiar, en este mismo nivel de intervención.

88

Orígenes.

La historia del método de casos es la misma que la de la profesión en tanto que se le ubica en las formas de ayuda de la beneficencia y atención a los pobres; pioneros como Juan Luis Vives (1492-1540), San Vicente de Paul (1581-1660), Thomas Chalmers (1780-1847), Federico Ozanam (1813-1853), Octavia Hill (1838-1912), Anna Laurence Dawes (1851-1938) y Mary Richmond (1861-1928), dieron los cimientos para constituir el primer método específico del Trabajo Social, denominado Trabajo Social de Caso.

Las sociedades de organización caritativa de Londres y de Estados Unidos también son semilleros basados en estos pioneros, en especial en las propuestas de Thomas Charmers de investigar las causas de desamparo, de las posibilidades de que el indigente se sustentara a sí mismo, y a quien se atribuye la visita y ayuda a domicilio; la Charity Organization Society (COS) es la principal entidad en la cual se constituye el llamado "casework".

Sin embargo, tiene sus orígenes como actividad *profesional* en la obra clásica "El Caso Social Individual" (1922) de Mary E. Richmond, quien da a la profesión su primer contenido técnico e ideológico y además según Antón (1996), se adelanta a su tiempo, en su postura en contra de los Servicios Sociales organizados en "*grandes instituciones cuartelarias*", anticipándose a las valoraciones de Foucault[3].

Richmond plantea la definición de Trabajo Social de casos, con una perspectiva psicologista como: *conjunto de métodos que desarrollan la personalidad, reajustando consciente e individualmente al hombre a su medio social.* Sin embargo, agrega:

[...] no es sólo un proceso educativo para la adaptación de la gente en la sociedad en que vive, sino, además, y simultáneamente, un proceso de investigación permanente para conseguir avances y reformas sociales para el

---

[3] Ver obras de Michel Foucault "Vigilar y castigar" (1975) Argentina: Siglo XXI Editores. "Estrategias de poder" Trad. J. Varela y F. Álvarez (1999) Barcelona: Paidós Ibérica.

progreso de la sociedad [...]. Hay que adaptar no sólo las personas a la sociedad, sino la sociedad a las personas (Antón, 1996).

Señala que a diferencia de otras disciplinas que también se ocupan del desarrollo de la personalidad, tiene su propio campo de acción; en concreto el del "desarrollo de la personalidad para la adaptación consciente y comprensiva de las relaciones sociales". Por lo que se infiere su concepción sociológica y no sólo psicologista.

Se deriva en general de dos corrientes **sociológicas**: (Quiróz & Peña, 1998)

1. Escuela liberal filantrópica. Se refiere a la corriente, desde la revolución industrial, en que se proclama la libertad económica de los individuos, así como la menor intervención del Estado, y al mismo tiempo surge la preocupación moral de "tutelar" al sector considerado incapaz de hacer frente a la situación de pobreza generada.

2. Escuela liberal tecnocrática. Tiende a priorizar el desarrollo económico-administrativo por encima de la redistribución de la riqueza o los derechos sociales. El Estado Moderno necesitará de estas prácticas sociales para disciplinar, y el lugar de ellas se ubicará en el disciplinamiento del diferente. Habrá así, un marcado interés de las prácticas sociales racionales *"en mutar el ethos popular"*, considerado como irracional (Kusch, 1976).

También se deriva de tres corrientes **psicológicas** según Ander Egg (1992):

1. La Escuela diagnóstica o Modelo clínico normativo. De origen freudiano, aplica los principios del psicoanálisis tanto para el diagnóstico como para el tratamiento y su procedimiento de tipo clínico. Es aplicado al trabajo social a través de Helen Perlman y Florence Hollis.

2. La Escuela funcional o Modelo de crisis. Basada en la teoría de la voluntad de Otto Rank, quien considerando que el tratamiento psicoanalítico era lento y largo propuso las llamadas terapias

breves. Se operacionaliza en Trabajo Social a través de Virginia Robinson.

3. Conductismo. Se origina en John Watson como la psicología behaviorista y se define como ciencia de las acciones recíprocas que se ejercen por estimulación entre el organismo y su medio.

Para fines de la década de los 80s el método de caso se reestructura con el enfoque del *modelo sistémico* y la *psicoterapia centrada en el cliente*, de Carl Rogers (humanismo).

Es importante también anotar la influencia de corrientes *antropológicas,* en tanto que la cultura es parte importante de la construcción del Trabajo Social individualizado, partiendo de que su primer enfoque se dirige a las personas en marginación y exclusión social. Estos enfoques permitieron abordar el conocimiento y la comprensión de las transformaciones sociales y culturales implícitas en los procesos de urbanización producto del desarrollo industrial y las derivaciones de los modos de producción, especialmente en la desigualdad entre los sectores urbanos y rurales.

Bases teóricas

Los orígenes del Trabajo Social de casos, determina la actual *Atención individualizada en Trabajo Social* en la que son muy importantes sus elementos característicos: la **relación con el usuario**, la **perspectiva de *individuo*** y su **inserción en el sistema social**, por ello las tres principales teorías que sustentan el Trabajo Social de Casos son: La teoría de la comunicación, la psicología del desarrollo y la teoría de sistemas (Tenorio & Mendoza, 2009).

1. Teoría de la Comunicación. La comunicación se ha definido como el proceso mediante el cual se puede transmitir información de una entidad a otra. Los procesos de comunicación son interacciones mediadas por signos entre al menos dos agentes que comparten un mismo repertorio de signos y tienen reglas semióticas comunes. Watzlawick, Beavin y Jackson (1985) plantean los axiomas de la comunicación:

- Es imposible no comunicar. Toda conducta transmite un mensaje y una intención determinada.

- Hay un nivel de contenido y otro de relación en la comunicación. El contenido siempre depende de la relación de significación de quien transmite el mensaje y quien lo recibe.

- Puntuación en la secuencia de hechos. La comunicación es una cadena de vínculos de estímulos, respuesta, refuerzo que condicionan el proceso. Es decir, actuamos en razón de hechos históricos más que de contenidos literales.

- Existe la comunicación digital y analógica. La digital es la comunicación verbal y la analógica es la no verbal, como posturas, mensajes gestuales, actitudes, etc.

- La interacción es simétrica y complementaria. La simétrica es una comunicación de igualdad, mientras que la complementaria es de tipo jerárquico. Lo que permite mejorar la comunicación es que existan ambos tipos de interacción.

2. Teoría de la psicología del desarrollo. Contiene los siguientes postulados (Du Ranquet, 1996):

El individuo en su proceso de desarrollo se muestra activamente comprometido con el desarrollo de su potencial.

En cualquier fase de su vida toma del entorno lo que necesita y rechaza lo que sea necesario en interés de su crecimiento.

Cada persona tiene capacidades en contínuo cambio para favorecer su desarrollo en el entorno cambiante.

El entorno puede influenciar, retrasar, desviar y complicar el desarrollo del individuo, pero en él persiste el empeño sobre el control de su desarrollo durante toda su vida.

3. Teoría de Sistemas. Es una perspectiva incorporada extensamente en la actuación profesional, pues es útil para conceptualizar uniones y relaciones entre las entidades aparentemente diferentes: individuo, familias, grupos pequeños, instituciones, comunidades y sociedades (Payne, 1995). Su uso es frecuente en la intervención con familias.

Ludwig von Bertalanffy biólogo austriaco (1901-1972) propone la teoría de sistemas en 1950 en el campo de la biología, sin embargo, es el sociólogo alemán Niklas Luhmann (1927-1998) quien establece el pensamiento sistémico en las ciencias sociales aplicando sus principios al análisis de la sociedad.

Un sistema es un conjunto de principios o elementos, ordenados y relacionados para un fin determinado.

La llamada teoría de sistemas es una explicación conceptual que afirma que las propiedades de los sistemas no pueden separarse porque forman una unidad en interacción dinámica y deben estudiarse y comprenderse globalmente en su interdependencia. Caracteriza al sistema por un estado estable, dinámico, que permite un cambio constante de componentes mediante asimilación y desasimilación.

Algunas características de los sistemas TGS y cibernética:

Propósito u objetivo. Los elementos sistémicos definen una distribución que trata de alcanzar un objetivo.

Circularidad. Llamado también globalismo que implica que el estímulo en un elemento afectará a los demás.

Entropía. Tendencia al desgaste o desintegración, también llamada morfogénesis.

Homeostasis. Tendencia al equilibrio dinámico entre las partes del sistema para encontrar una adaptación a los cambios internos y externos.

La teoría de sistemas distingue dos modalidades: la teoría de sistemas generales y la teoría de sistemas ecológicos. El propósito principal del Trabajo Social según la teoría de sistemas ecológicos es "fortalecer la capacidad adaptativa de la gente e influir en su entorno para que las transacciones sean más adaptativas." (Payne, op.cit.)

Concepto de Trabajo Social de Casos

Algunos conceptos representativos del Trabajo Social de casos son:

*Para Gordon Hamilton en 1960: Es un proceso psicosocial debido a que el hombre es un organismo biosocial; "el caso", el problema y el tratamiento siempre deben ser considerados por el Trabajador Social como un proceso Psicosocial. Un caso social no está determinado por el tipo de cliente (sea una familia, un niño, un anciano, un adolescente), ni puede determinarse por el tipo de problema (sea una dificultad económica o un problema de conducta). El caso social es un acontecimiento vivo, que siempre incluye factores económicos, físicos, mentales, emocionales y sociales, en proporciones diversas (Barreto, Benavides, Garavito, & Gordillo, 2003).

*Helen Harris Perlman (1970): "El trabajo social individualizado es un proceso empleado por algunas instituciones consagradas a fomentar el bienestar público para ayudar al individuo a afrontar con mayor eficacia sus problemas de ajuste social". En esta propuesta de definición aunque a primera vista pudiera no parecernos idónea, la autora destaca que en ella aborda cuatro elementos concretos: la persona (usuario), el problema (una necesidad, acumulación de frustraciones o inadaptaciones que representan una amenaza o incluso impiden la adecuación vital de la persona), el lugar (la institución prestadora de bienes y servicios o la oficina del profesional), y el proceso (transacción progresiva entre el especialista y el usuario, en un proceso de resolución de problemas dentro de una relación significativa).

Implicaciones del concepto en Perlman
1) El usuario. - Importancia de la relación profesional
2) El problema. - Lectura de la realidad social
3) El lugar. - Instituciones como derechos sociales, y la política social
4) El proceso. - Metodología de Trabajo Social

Elaboración propia

Helen Harris Perlman es una autora de gran influencia en la atención individualizada; desarrolló un modelo que acentuaba el sentido común que llamó "modelo para resolver problemas" y es el antecedente del enfoque de intervención *centrado en la tarea*. La autora define su base teórica en Freud (psicología del yo) y en Dewey (ve al cliente como agente activo que puede cambiar su situación), planteando que la vida es un proceso de solución de problemas.

Con esas bases podríamos intentar una definición:

*Proceso psicosocial de atención profesional individualizada de trabajo social, para la intervención en problemas, que incluyen los contextos físicos, mentales, emocionales, económicos y sociales de un individuo o familia que acude a un sistema social institucional a solicitar ayuda.

Objetivos

a) La mejora de situaciones sociales personales o familiares mediante la activación de recursos internos y externos

b) Optimizar el funcionamiento objetivo y subjetivo entre el individuo y su ambiente.

c) Que los sujetos dispongan de los recursos sociales a su alcance.

d) Reconstruir redes sociales del individuo y/o familia.

e) Crear conciencia crítica en el sujeto de la intervención

f) Generar autonomía en los sujetos de la intervención.

Principios básicos

- Todo ser humano posee un valor único, lo que justifica la consideración moral hacia cada persona.

- Cada sociedad, independientemente de su organización, debe funcionar de manera que proporcione los máximos beneficios a todos sus miembros.

- Los trabajadores sociales tienen un compromiso con los principios de la justicia social.

- Los trabajadores sociales tienen la responsabilidad de dedicar sus conocimientos y técnicas, de forma objetiva y disciplinada, a ayudar a los individuos, grupos, comunidades y sociedades en su desarrollo y en la resolución de los conflictos personales y/o sociales y sus consecuencias.

- Los trabajadores sociales deberán proporcionar la mejor atención posible a todos aquellos que soliciten su ayuda y asesoramiento, sin discriminaciones basadas en diferencias de género, edad, capacidad, clase social, raza, religión, lengua, creencias políticas o inclinación sexual.

Proceso metodológico

La intervención en casos es la primera que surgió dentro de la profesión y está enmarcada dentro de un proceso metodológico con base en el *conocimiento* que guía la *acción*; en ese orden.

> "...la intervención es una fase más de la estructura básica del procedimiento en Trabajo Social con casos, que comprende los siguientes pasos: el estudio y la investigación de la realidad, el diagnóstico profesional de la misma, la elaboración de un diseño de intervención, la intervención o ejecución de lo programado y la evaluación de los resultados obtenidos" (Fernández & Ponce de León, 2006)

El abordaje se realiza persona por persona (individual y familiar), a diferencia del método de grupo y el comunitario; se concentra en las relaciones bidireccionales sujeto-sociedad, destacando el papel que en la resolución de problemas tiene todo tipo de interacciones con otros. Los destinatarios deben movilizar también sus potencialidades (Barbero & Cortés, 2005)

Algunas de las primeras fases metodológicas propuestas en los orígenes son:

Mary Richmond (1922):

a. Estudio. Lo describe como la encuesta que posibilite el diagnóstico, y se refiere a la recogida de datos de la investigación.

b. Diagnóstico. Proceso que conduce al conocimiento del caso y orienta el tratamiento. Comienza con lo que ella llama la "evidencia social" y son los hechos que indican la naturaleza de las dificultades sociales de un determinado cliente y los instrumentos para su solución. También incorpora las "inferencias" que se refieren al proceso racional desde el cual se pasa de los hechos conocidos a los desconocidos. A partir de evidencias e inferencias se elabora el diagnóstico.

c. Tratamiento para llegar a la solución del problema.

Gordon Hamilton (1951):
Estudio
Diagnóstico y evaluación.
Tratamiento

María C. Castellanos (1993):
Investigación
Diagnóstico
Pronóstico
Plan
Tratamiento

Estructura más común utilizada:

1) INVESTIGACIÓN. Etapa inicial que permite formular el diagnóstico social. Se integran todas las áreas del individuo o el grupo familiar, en donde se encuentra inmerso.

Nivel exploratorio: Su objeto primordial es familiarizarse con el problema de estudio y seleccionar, adecuar o perfeccionar los recursos y procedimientos disponibles para una investigación posterior.

Nivel Descriptivo: Su objetivo primordial es exponer las características de los fenómenos. Tiene un carácter diagnóstico cuando se propone establecer relaciones causales entre ellos.

Nivel explicativo: En este nivel de investigación la actividad se enfoca en buscar, conocer e investigar el porqué de los fenómenos del problema en estudio, proponiendo una interpretación.

Nivel predictivo: Es una investigación que se encarga de buscar posibles soluciones a los fenómenos que se presentan en el problema.

2) DIAGNÓSTICO SOCIAL. Es la interpretación de la situación y está condicionado por las relaciones inherentes al usuario.

Considera tres aspectos:
- Descripción del usuario.
- Planteamiento del problema o lo que le pasa.
- Hipótesis. Posible explicación de lo que le pasa.

Fases de primera aproximación:

Entrevista al usuario

Primeros contactos con la familia inmediata o personas más cercanas.

Búsqueda de fuentes en sus redes sociales extensas, dependiendo de los objetivos de la intervención.

Ponderación de los ítems estudiados e interpretación global.

3) PRONOSTICO SOCIAL. Posibilidades de mejorar la situación problema del usuario, de acuerdo a los recursos personales, familiares, comunitarios, institucionales y profesionales.

4) PLAN SOCIAL. Exposición de los principios o actividades para atender el caso. Puede ser un plan *tentativo* (exploratorio y experimental) o *definitivo* (estable y duradero, aunque también puede modificarse).

5) EJECUCIÓN O TRATAMIENTO. Es la fase operativa de la estrategia de acción.

Tiene dos fases: una *incidental* que se refiere a la primera entrevista que constituye un proceso educativo en donde se proporciona orientación inmediata y una segunda que puede llamarse *técnica* que incorpora un mayor análisis de alternativas de solución.

También se alude a tratamiento *directo* e *indirecto*, en donde el primero se dirige a fortalecer al propio usuario y el segundo a intervenir en la modificación de su situación a través de fuentes colaterales.

6) EVALUACIÓN. Es el elemento de comparación entre los objetivos planteados en el plan y los cambios o logros producidos.

Técnicas e instrumentos

- La entrevista es el vehículo por excelencia del Trabajo Social con casos, para diagnosticar, realizar seguimientos y movilizar al usuario.

- Las gestiones del profesional para movilizar recursos sociales de todo tipo.

- Trabajo con fuentes indirectas para alterar los sistemas personales.

Valoración residencial a través de la visita domiciliaria, diario de campo, ficha social, informes, entre otras.

Rol del trabajador social de casos

El trabajador social en la atención individualizada ejerce funciones de educador, gestor social, orientador, consejero (modelo counseling) y rehabilitador. Sin embargo, el rol por excelencia en este nivel de intervención es de tipo *relacional*, dado que se enfatiza que la relación profesional aporta un importante avance en la atención de caso, destacando que tal relación implica delimitar consensuadamente los límites, para evitar relaciones dependientes.

* Introducción a los estudios de familia con perspectiva sistémica.

En la profesión hay un extenso abordaje sobre la intervención con familias, así como perspectivas que posicionan el trabajo social familiar como una de las prácticas más comunes para los trabajadores sociales y a decir de Ángela María Quintero en su obra *El trabajo social familiar y el enfoque sistémico* (2004), la familia como objeto y tradición, siempre ha sido pilar de la profesión.

Desde sus orígenes como disciplina y aún como actividad empírica, el Trabajo Social ha estado inserto en la intervención con familias. Ya en el libro *Caso Social Individual*, Mary Richmond (1922) sugiere el tratamiento de familias completas y previene acerca de los riesgos de aislar a las familias de su contexto natural. Ella desarrolla el concepto de "cohesión familiar", indicando que el grado de vinculación emocional entre los miembros de una familia es un determinante crítico de las capacidades de esta para sobrevivir. Así mismo, desde el campo de la terapia familiar, los psiquiatras Rosselot y Carrasco afirman que

> [...] las primeras conceptualizaciones del funcionamiento familiar surgen del aporte de los trabajadores sociales, quienes desde los comienzos de su disciplina se han preocupado de la familia como la unidad social en que focalizan sus intervenciones. Además de ocuparse de satisfacer las necesidades básicas de las personas pobres y marginadas, intentaban aliviar el sufrimiento emocional de las familias. A través de las visitas a domicilio, traspasaron la barrera médico-paciente y se contactaron directamente con las familias en su hábitat natural y con la complejidad de las redes relacionales. (Rosselot & Carrasco, 1997)

Por otra parte, existe una tradición importante de fundadores y desarrolladores de la terapia familiar, que fueron o son trabajadores sociales, como Virginia Satir, Peggy Papp, Lynn Hoffman, Harry Aponte, Betty Carter, Braulio Montalvo, Mónica McGoldrick y otros.

Actualmente se distinguen: a) contextos no clínicos: Trabajo Social familiar y b) contextos clínicos: Terapia familiar como especialidad y/o posgrado -muy concurridos por los trabajadores sociales (Quintero Velázquez, 2004).

En lo referente a los ámbitos universitarios, en Latinoamérica existen distintas escuelas de trabajo social con estudios integrales de la familia, tanto en la formación básica como en el posgrado, de las que dan cuenta en el ámbito nacional, la AMIETS[4], y en el continental, la CELATS[5] y la ALAETS[6]. Además, es necesario anotar, que la formación actual del trabajador social no puede pensarse sin los estudios de familia en sus contenidos curriculares, y su aplicación en la intervención familiar desde diversos enfoques epistemológicos, como el sistémico y el modelo ecológico, el construccionismo, el pensamiento complejo y la teoría del caos. Estos enfoques de la intervención, han sido ampliamente tratados por autoras como Nidia Aylwin y Ángela Quintero, entre otros. (Aylwin & Solar, 2002; Quintero Velázquez, 2004)

No es intención en este trabajo profundizar en el estudio de la familia, sino apenas proponer un acercamiento introductorio, tomando algunas licencias para uso didáctico, con base en las autoras citadas y en algunos enfoques de Virginia Satir y otros. Sin embargo, conviene aclarar que hoy es imprescindible trabajar con distintos enfoques epistemológicos, teóricos, y metodológicos, además del clásico sistémico expuesto en este espacio.

Concepto de familia: La perspectiva sistémica considera a la familia como un sistema integrador multigeneracional, caracterizado por múltiples subsistemas de funcionamiento interno e influido por una variedad de sistemas externos relacionados (Sánchez L., 1991). Su abordaje aplica los principios de la Teoría General de Sistemas y considera en esa base la intervención familiar.

Otra definición de familia que ilustra esta perspectiva es:

---

[4] Asociación Mexicana de Instituciones Educativas de Trabajo Social.
[5] Centro Latinoamericano de Trabajo Social. http://www.celats.org
[6] Asociación Latinoamericana de Enseñanza e Investigación en Trabajo Social, con sede en la Universidad de Costa Rica. http://www.ts.ucr.ac.cr/alaeits.htm

Sistema [...] separado del exterior por sus fronteras y estructuralmente compuesto por subsistemas demarcados por límites con diferentes grados de permeabilidad y con diversas formas de jerarquización interna entre ellos. Los miembros del sistema familiar organizan y regulan su interacción mediante procesos comunicativos digitales y analógicos, que definen relaciones de simetría y/o complementariedad. Dicha organización se caracteriza por las propiedades de totalidad o no sumatividad, por patrones de circularidad [...]. El sistema familiar mantiene su organización mediante procesos homeostáticos y la altera mediante procesos morfogenéticos (Botella & Vilaregut, s.f.).

HOMEOSTASIS Y MORFOGÉNESIS

La *homeostasis,* como se mencionó (véase págs. 92-93), es un mecanismo autocorrectivo y se refiere a la estabilidad contra los ataques de factores externos de estrés que puede sufrir el sistema familiar. En contraste con la homeostasis, que es un mecanismo protector, existen los mecanismos *morfogénicos* que se refieren a las modificaciones y al crecimiento o cambio.

Cuando se dan los 2 procesos de forma proporcional se dice que hay VIABILIDAD en el sistema familiar. El grado en que un sistema familiar es capaz de utilizar ambos tipos de mecanismos apropiadamente para aproximarse a sus propios objetivos, es el grado en el cual puede describírselo como sano y funcional.

Subsistemas familiares. Son reagrupamientos de miembros de la familia, según criterios de vinculación específica de la que se derivan relaciones particulares. Pueden ser formados por generación, sexo, interés o función. Cada individuo pertenece a diferentes subsistemas en los que posee diferentes niveles de poder y en los que aprende habilidades diferenciadas. Se distinguen 4 de tipo estructural, sin embargo, también pueden existir otros de tipo relacional y afectivo:

- Subsistema conyugal.- Pareja. Entre los miembros de la pareja funciona la complementariedad y acomodación mutua: negocian, organizan las bases de la convivencia y mantienen una actitud de reciprocidad interna y en relación con otros subsistemas.

O puede existir la simetría que generalmente provoca competencia.

- Subsistema parental.- Pareja que procrea hijos. Se ha de asumir una nueva función (la parental) sin renunciar a las que caracterizan al subsistema conyugal.

- Subsistema filial.- Hijos en la relación con sus padres. La relación con los padres ayuda al aprendizaje de la negociación, cooperación y relación con figuras de autoridad.

- Subsistema fraterno.- Hermanos. Primer vínculo que permite experimentar relaciones entre iguales y sentido de competencia.

Tipología tradicional sistémica.

- Familia nuclear simple: Son parejas en primera unión y con hijos biológicos (solo dos generaciones).

- Familia extensa: Está constituida por más de dos generaciones en el hogar de los abuelos. En relación a este tipo y el siguiente, se toma en cuenta la perspectiva del *sujeto de atención* (sujeto de caso), de trabajo social.

- Familia compuesta: Familias en que se incluye a otras personas, que pueden o no, tener algún tipo de vínculo consanguíneo (madre, sobrinos, nuera, yerno) o alguna persona que viva temporalmente en casa. Son importantes, ya que pueden ser causa de conflictos o problemas familiares o, en algunas ocasiones, de apoyo y recurso familiar.

- Familia monoparental/monomarental. Es aquella en que un solo cónyuge tiene la responsabilidad total de la crianza y cuidado de los hijos.

- Familia reconstituida. Es una familia en la que dos personas deciden tener una relación de pareja y forman una nueva familia, pero al menos uno de ellos incorpora un hijo de una relación anterior.

Ciclo vital. Es la secuencia de estadíos que atraviesa la familia desde su establecimiento hasta su disolución.

La importancia de las nociones evolutivas no radica en cada fase en sí misma, sino en las crisis que se pueden dar en el paso de una a otra. En este sentido, el proceso óptimo de superación de tales crisis consiste en modificar la estructura del sistema familiar manteniendo su organización.

1) Desprendimiento. Etapa de emancipación o adquisición de independencia física, económica y/o afectiva de la familia de origen, generalmente implica el noviazgo.

2) Encuentro. Inicio de vida en pareja. Implica el proceso de adaptación a una nueva forma de vida.

3) Expansión/crianza. La llegada del primer hijo representa nuevos retos al sistema, así como la adaptación a los cambios si se tienen más hijos. La mayor carga emocional está representada por la responsabilidad.

4) Adolescencia. Es una etapa de grandes dilemas entre autonomía y control; representa un periodo de constantes negociaciones entre los miembros del sistema, así como el choque generacional y la tarea de definición del proyecto de vida del o la adolescente, además de las crisis vitales que pudieran vivir los adultos.

5) Estabilización. Etapa en la que hay hijos adultos que comienzan su emancipación. Se relaciona con la etapa de desprendimiento para el comienzo de un nuevo ciclo.

6) Reencuentro y vejez. Inicia el llamado "nido vacío", pues los hijos forman sus propios sistemas familiares. Cambia la estructura del sistema familiar y se definen procesos propios de la vejez de los padres como la jubilación, aparición de enfermedades, llegada de los nietos, etc.

Dinámica familiar

Reglas y rituales: En el sistema familiar existen acuerdos relacionales entre los miembros para obrar de un determinado modo. La mayoría de las veces se trata de un acuerdo que no puede decirse que sea consciente e incluso a veces, no es reconocido por los propios familiares. Entre los posibles modelos de reglas pueden destacarse:

1. Reglas reconocidas (rr). Son las reglas que se han establecido explícitamente y de manera directa y abierta al iniciarse la relación que origina la familia.

2. Reglas implícitas (ri). Estas reglas facilitan funcionamientos sobreentendidos sobre los que la familia no tiene la necesidad de hablar de modo explícito.

3. Reglas secretas (rs). Son las más difíciles de descubrir al estudiar una familia. Desencadenan modos de actuar con los que un miembro de la familia bloquea las acciones de otro de ellos.

Las reglas de la familia llevan a configurar sus rituales relacionales, que a la vez, sirven para reforzar las reglas. Ejemplos de rituales: El saludo, el sentarse a la mesa. Todo ello configura el "estilo familiar" particular de cada familia.

Límites: Los límites de un sistema están constituidos por las reglas que definen quiénes y cómo participan. La función de los límites consiste en proteger el sistema. Los límites deben ser claros y flexibles, marcando los territorios de cada cual, pero si son demasiado permeables, el sistema pierde su integridad, así mismo si son muy rígidos, la interacción del sistema será muy pobre.

- Familia caótica o desligada: Se caracterizan por tener límites rígidos, de forma que prácticamente cada individuo constituye un subsistema. Comparten muy pocas cosas y, por lo tanto, tienen muy poco en común. Las características generales de las familias desligadas son: (a) exagerado sentido de independencia; (b) ausencia de sentimientos de fidelidad y pertenencia; (c) no piden ayuda cuando la necesitan; (d) toleran un amplio abanico de variaciones entre sus miembros; (e) el estrés que afecta a uno de los miembros no es registrado por los demás, (f) bajo nivel de ayuda y apoyo mutuo

- Familia aglutinada: Hay límites difusos. Sus características son: (a) exagerado sentido de pertenencia; (b) ausencia o pérdida de autonomía personal; (c) poca diferenciación entre subsistemas; (d) frecuente inhibición del desarrollo cognitivo/afectivo en los niños; (e) todos sufren cuando un miembro sufre; (f) el estrés repercute intensamente en la totalidad de la familia.

- Familia complementaria: Todos tienen cierta independencia, aunque hay un espacio común de encuentro, que no amenaza ni rompe la individualidad de cada uno. El que exista un "espacio común" facilita que cada cual vaya a él cuando lo necesite sin miedo a ser manipulado, sometido o controlado. Es un espacio abierto para entrar y salir porque sus límites son flexibles y sanos. Cada uno es consciente de su propio valor y del respeto que le tienen los otros.

Alianzas y coaliciones

Alianza: la unión y el apoyo mutuo que se dan entre sí, dos personas generalmente. La alianza supone compartir intereses sin estar dirigida contra nadie.

Coalición o triangulación: (en cambio) es la unión de dos miembros contra un tercero. Es un acuerdo de alianzas establecido para mutuo beneficio de los aliados frente a otro u otros. La coalición divide a la tríada en dos compañeros y un oponente.

Comunicación.

En los sistemas familiares existe un intercambio específico de símbolos significativos y el uso de lenguaje verbal y no verbal. Puede considerarse que una familia tiene un estilo característico de comunicación. Estos modelos característicos de interacción operan dentro de la familia y en transacciones con sistemas externos. Por lo tanto, una familia individual tiene un sistema único de modelos de comunicación que influye fuertemente en la conducta de sus miembros.

Clasificación familiar simple:

- Funcional: Cuando los miembros cumplen *roles* de acuerdo a su responsabilidad y capacidad.

- Disfuncional: Cuando los roles se ejecutan de manera no correspondiente.

- Integrada: Cuando hay una *comunicación* familiar funcional que genera relaciones sanas. También se toma en cuenta la existencia de reglas y límites claros y flexibles.

- Desintegrada: Ausencia afectiva, y de comunicación eficaz.

Uno de los instrumentos comunes en la valoración familiar, es el genograma o familiograma, que se verá en el apartado de técnicas e instrumentos.

5.3.2 *TRABAJO SOCIAL DE GRUPOS.*

El método de grupos también se considera dentro de la metodología tradicional y representa una forma de abordaje profesional que, aunque ya no enfoca su atención en el individuo o su familia como el caso, sigue centrado en el sujeto individual que recurre al grupo como vehículo de crecimiento; es decir, en situaciones sociales personales. El grupo aparece como un medio estratégico en el cual aprende o modifica las relaciones que establece con su entorno social. La situación grupal que se construye vendría a ser un referente de situaciones microsociales.

Kisnerman (1981) en la parte introductoria de *Servicio Social de Grupo* asume que si el grupo es un instrumento de satisfacción de necesidades individuales, el sentido del trabajo con grupos desde nuestra profesión, *es un medio para crear y desarrollar sentimientos de comunidad.* A continuación se presenta una aproximación al marco conceptual de grupo y posteriormente del método.

*EL GRUPO

Concepto.

La palabra se incorpora a los usos modernos a través del italiano *groppo* (en la forma arcaica) o *gruppo* (más usual hoy) referido a una pintura o una escultura que representa a varios individuos, constituyendo un tema plástico normado por ciertos cánones estéticos. Desde allí se desliza al lenguaje común, en distintas lenguas, para adoptar el significado fundamental de "conjunto de personas".

Se define el grupo como conjunto de individuos que interactúan en una situación dada con un objetivo por ellos determinado (Kisnerman, *op.cit.*). Podemos decir también que es una pluralidad de individuos que se relacionan entre sí con un cierto grado de interdependencia, que dirigen su esfuerzo a la consecución de un objetivo común.

El grupo se caracteriza por ser una pluralidad de personas que conforma una unidad colectiva vinculada por lazos reales. Es a su vez una unidad parcial inserta en el seno de una colectividad más amplia y una entidad dinámica que, sin embargo, tiende a estructurarse y a organizarse en busca de una estabilidad relativa. La interacción es la esencia del grupo. No habría grupo sin interacción, sino simplemente un cúmulo de personas, sin sentido, dirección ni propósito. Un conglomerado.

Conglomerados: A diferencia de los grupos, los conglomerados son todo conjunto de personas que están en contacto, ya sea por presencia espacial o temporal, pero con una relación social no duradera. Se caracterizan porque a pesar de tener un objetivo en común, este es contingente, no son organizados, los integrantes son casi extraños unos con otros, no existen posiciones ni funciones sociales y aunque la proximidad física sea grande, el contacto social es muy limitado, no tienen normas grupales reconocidas. Algunos tipos de conglomerados son: la multitud, el auditorio y las manifestaciones.

Las características de los grupos.

Conciencia de grupo: El grupo es directamente observable; los miembros perciben la existencia del grupo, tienen un sentimiento de pertenencia al mismo y se comportan como grupo de cara al exterior. Su entidad es reconocida como tal por sus propios miembros y por los demás. Existe un sentimiento de grupo como un "nosotros" frente a "ellos".

Interacción: Los integrantes de un grupo se relacionan de forma personal y a partir de ciertas pautas establecidas. La conducta y acciones de cualquiera de sus miembros sirve de estímulo al comportamiento de otros.

Interdependencia: Dependen unos de otros para poder alcanzar los objetivos grupales. Comparten ideas o normas y desempeñan funciones que se complementan.

Objetivo: sus integrantes realizan actividades colectivas que contribuyen al logro de metas comunes.

Motivación: El grupo permite satisfacer necesidades individuales, tanto explícitas como implícitas. Las primeras suelen encajar directamente con las tareas y el objetivo concreto del grupo. Las implícitas pueden resultar menos evidentes (por ejemplo amistad o liderazgo), pero movilizan al individuo a participar en las actividades grupales.

Estructura: El grupo tiene una determinada organización que se traduce en la distribución de papeles, configurando un sistema de roles entrelazados que representan un cierto nivel o estatus, así como una serie de normas de funcionamiento compartidas.

Cultura de grupo: Comparten determinadas actitudes y valores que forman parte de su propia cultura como grupo.

Estabilidad: La interacción entre los miembros se produce con una relativa duración en el tiempo y permite profundizar relaciones que le dan una cierta permanencia.

Clasificación. Existen muchas clasificaciones: por la forma de integración (grupo natural, impuesto y motivado), formal e informal, homegéneo y heterogéneo, grupo abierto y cerrado, por edad de los participantes, etc. Sólo revisaremos la clasificación sociológica más básica.

Grupos primarios y secundarios

Grupo primario es aquel donde todos los miembros interaccionan afectivamente, cara a cara; existen lazos emocionales íntimos y personales, poseen una solidaridad inconsciente basada en sentimientos. Generalmente tiene pocos miembros. Cumplen ciertas funciones sociales:

a) Necesidades psicológicas de comunicación, intimidad, y afecto.

b) Operan como agentes sociabilizadores básicos.

c) Son agentes de control social.

d) Compensan los inconvenientes de las organizaciones formales.

El ejemplo clásico de este tipo de grupo es la familia, pero puede ser el grupo de amigos o un grupo terapéutico.

Grupo secundario. Mantiene relaciones frías, impersonales, más formales. El grupo en este caso no es un fin en sí mismo, sino un medio para lograr un objetivo. Es un sistema social que funciona regido por instituciones (jurídicas, económicas, políticas, educativas, etc.); la solidaridad que pueda surgir entre sus miembros no nace de una afectividad sino de la funcionalidad y su grado de intimidad es reducido. Su estructuración y organización (diferenciación de roles) es mucho más elevada y el número de integrantes también es mayor en comparación al grupo primario; sus acciones son planificadas y su duración temporal. Ejemplos de grupo secundario son el grupo de escuela, empresas, clubes, etc.

Tabla de comparación tipos de grupo social primario y secundario				
	Relaciones miembros	Duración	Tamaño	Acciones de grupo
PRIMARIO	Afectivas emocionales	Permanentes	Pequeño	Espontáneas
SECUNDARIO	Funcionales	Temporales	Mediano a grande	Planificadas

Clasificación de grupos en Trabajo Social, (Konopka 1963):

a) Grupos orientados hacia el crecimiento. Dentro de ellos hay una subdivisión: los grupos terapéuticos, los grupos de aprendizaje y los grupos recreativos.

b) Grupos de acción social. Organizaciones de base, de participación social o de proyectos comunitarios para el dasarrollo.

Proceso de grupo. Con base en Kisnerman (*op. cit*).

El proceso de grupo es el desarrollo evolutivo de un grupo, teniendo en cuenta la interacción dinámica entre sus miembros y el logro del objetivo propuesto. Supone una sucesión de etapas y operaciones de resolución de problemas integrados entre sí. El autor señala la importancia de integrar en las etapas el concepto de "conflicto" como algo natural y hasta necesario para la integración del grupo, contrario a como se concebía hace unos años en la etapa pre científica e incluso parte de la científica. Con ello explica cómo ciertos grupos desaparecen antes de llegar a la integración plena.

1) Formación. Es el principio de la relación grupal en la cual existe la primera motivación para conformarse. El trabajador social deberá conocer esa motivación ya sea mediante entrevistas, en reuniones o porque el mismo lo ha formado. El usuario puede referir un problema que no es el real y hacer resistencia solicitando un grupo recreativo, cuando en realidad necesita uno terapéutico.

Esta etapa es muy importante y amerita que el profesional reduzca la angustia y la tensión favoreciendo la confianza recíproca entre los miembros.

2) Conflicto. El conflicto debe verse como positivo para el grupo porque de su revisión y elaboración, surgirá el autoconocimiento para afrontar la vida social. De hecho el autor propone que "técnicamente, apurar el conflicto es beneficioso porque contribuye a acelerar el proceso".

Se parte de que ningún grupo puede ser enteramente armonioso, pues entonces no podríamos hablar de proceso y estructura. Por otro lado "el acumular tensiones no aliviadas o sólo parcialmente aliviadas, en vez de permitir el ajuste a las condiciones cambiantes conduce a la rigidéz de la estructura y crea posibilidades de una explosión catastrófica" (Lewis Coser citado por Kisnerman, 1981).

Se distinguen tres tipos de conficto:

a) Conflicto de valores. Cuando hay desacuerdo en determinadas formas de afrontar situaciones en que se ponen en juego creencias o valoraciones de la mayoría.

b) Conflicto de objetivos. Cuando el proyecto de vida grupal se percibe como diferente o no compartido.

c) Conflicto de personalidades. Cuando existen choques entre miembros específicos del grupo.

Uno de los signos indicadores de la existencia de conflictos no resueltos en el seno del grupo, o de deterioro en el proceso grupal, es la aparición frecuente en él de los llamados *roles disfuncionales,* esto es intentos de miembros de satisfacer necesidades individuales sin relación directa con la tarea del grupo. Pueden ser los siguientes:

- Rol de obstructor: Expresa desacuerdos sin razones que lo justifiquen, es decir se remonta a problemas ya resueltos.

- Rol de buscador de reconocimiento: Su intención es llamar la atención sobre sí mismo o alimentar una actitud narcisista.

- Rol llamado de confesante: Manifiesta sentimientos personales que no tienen vinculación con la tarea explícita, confundiéndose el grupo de trabajo con un grupo terapéutico.

- Rol de descomprometido: Se muestra lejano y autosuficiente en relación con los procesos grupales y hace alarde de ello.

- Rol de dominador: Usa la conducta agresiva como medio para imponer sus criterios o ideas, impidiendo la participación activa de otros.

- Rol de buscador de ayuda: Intenta lograr una respuesta de simpatía a través de expresiones de inseguridad, confusión personal o depreciación de sí mismo.

- Rol de defensor de intereses especiales: Busca la defensa de intereses ajenos al grupo y a sus tareas específicas.

3) Organización. Implica desarrollar la capacidad de auto dirigirse. Los síntomas que señalan que el grupo ha entrado en esta etapa son: declinación de la ansiedad, división del trabajo, aparición del líder sociológico, adquisición de mayor responsabilidad por parte de los miembros y la identificación con el grupo desde un "nosotros" expresado en una serie de rituales o símbolos.

Su eficacia estaría determinada por el nivel de funcionamiento utilizando los recursos disponibles para el logro de los objetivos.

4) Integración. Esta etapa se concibe como la aparición de cohesión de las estructuras parciales con los ajustes necesarios. Hay sensibilidad sufiecente para percibir los problemas y la habilidad para resolverlos y para obtener satisfacción.

El grupo ha llegado a la maduréz, el liderazgo está distribuído entre los miembros y el trabajador social debe comenzar a dejar su rol de asesor ya que el grupo está listo para funcionar solo.

5) Declinación y muerte. Es la última etapa del proceso y resulta de la disminución del interés que se enfoca a otras actividades. Puede deberse a la consecución de los objetivos grupales, personales o finalización de los programas instucionales.

Esta etapa es natural y no debe tomarse como un fracaso. Puede presentarse la integración de un subgrupo, cambiando de objetivos y/o permitiendo el ingreso de nuevos miembros.

Estructura y dinámica grupal

La estructura de grupo es la *organización y distribución de roles grupales* que permiten dar cumplimiento a las tareas que se ha impuesto el grupo. El concepto de estructura tiene una larga tradición desde el funcionalismo estructural sociológico y el cognitivismo psicológico en la preocupación por el control social (Parsons, 1998).

Se compone por una *estructura interna* dada por una interaccion afectiva o socioemocional y una *estructura manifiesta* dada por la actividad de los miembros en el ejercicio de su rol.

Se determina por el nivel en los sistemas de comunicación y por la lectura del poder en el grupo en razón del desempeño de liderazgos para la productividad grupal.

Los elementos de la estructura son:

Los objetivos: Serán los motores para que el grupo camine hacia el cambio deseado. Por lo general, existe un objetivo general y varios específicos subordinados al primero.

La dinámica grupal: Es el conjunto de fuerzas que actúan en cada grupo a lo largo de su existencia y que constituyen el *aspecto comportamental colectivo*: su movimiento, acción, cambio, interacción, reacción etc. Está dada por las relaciones intergrupales derivadas de las representaciones, valores y pautas propias de los actores que intervienen.

El estudio de la dinámica grupal plantea que el grupo no es una suma de sus miembros sino una estructura que emerge de la interacción de los individuos y ejerce una influencia en ellos. Por ello el grupo se considera un verdadero "campo de fuerza" social. De hecho se afirma que el comportamiento de un individuo en grupo está siempre determinada por la interacción entre su personalidad y la personalidad de los otros miembros del grupo, así como por su dinámica (Cirigliano & Villaverde, 1981).

Cohesión: Es la tendencia a mantenerse unidos y de acuerdo, condición necesaria para la eficacia del trabajo en grupo y para la satisfacción de las necesidades afectivas de sus miembros. Además, es un índice de la situación del grupo y de su grado de madurez, por lo que hay que evaluarla periódicamente.

Comunicación: El trabajador social debe facilitarla entre los miembros del grupo y conseguir que sea clara, funcional y permanente. Para que tanto la verbal como la no verbal sea comprensiva, es necesario que el trabajador social estimule el "feed-back" que consiste en retroalimentar la información a quien la envía.

Normas: Son las reglas de conducta establecidas por los mismos miembros del grupo con el fin de mantener la coherencia interna.

Los tipos de estructura de acuerdo al liderazgo pueden ser: autocrática, paternalista, permisiva o laissez-faire y la democrática o participativa.

a) Autocrática. Cuando un miembro actúa como jefe del grupo tomando decisiones de acuerdo a sus necesidades. Sus características son: el líder ejerce control a través de saber lo que hacen y dónde están los miembros del grupo, la comunicación es cerrada y vertical, el jefe puede dar las órdenes para que otro miembro las reproduzca al grupo, la productividad es buena en tanto el líder ejerza el control y disminuye en cuanto lo descuide, las normas están institucionalizadas y violarlas implica una sanción. No permite el crecimiento del grupo y de sus miembros. En resúmen es formal, cerrada y organizada.

b) Paternalista. Se caracteriza porque el líder toma decisiones para proteger al grupo, tal como las interpreta, teme dar responsabilidades, gobierna en base a su capacidad de conocimientos, es aceptado por el grupo que ejerce una relación de dependencia. Un ejemplo típico es la familia, o los grupos de iglesias. Es más peligrosa que la autocrática porque en aquella puede surgir rebelión, mientras que en la paternalista se generan conductas inmaduras o de resentimientos en los miembros que quieren tomar decisiones por sí mismos.

c) Permisiva. Hay un estado de anarquía en donde cada miembro hace lo que quiere, el líder orienta sin marcar la conducción, respeta más la libertad individual que la integración grupal, hay nula productividad y la relación entre los miembros es casual.

d) Participativa. Los grupos mediante el adiestramiento en las habilidades pueden prescindir de un líder y las diversas funciones pueden ser ejercidas por cualquiera de los miembros. El líder distribuye funciones, la comunicación es abierta, hay consenso en la toma de decisiones, es flexible permitiendo el cambio. La productividad es alta en tanto que cada miembro tiene derechos y responsabilidades para contribuir en las tareas.

Liderazgo.

Es la capacidad para obtener de otros la respuesta deseada. El líder natural emerge como resultado de la interacción grupal y valoración que hacen los miembros con respecto a la personalidad tipo que persigue el grupo. Por ello se afirma que el líder es el resultante de la estructura y no al revés. "No es el autocrático el que crea una estructura autocrática, sino quienes lo necesitan, los que lo eligen" (Kisnerman *op. cit*)

El líder asume el estatus más alto, que le da autoridad normativa (autocracia, paternalismo) o autoridad funcional (participativo) pues interviene en situaciones específicas que demandan su capacidad y estimula con su comportamiento, patrones de grupo.

Es deseable un tipo de liderazgo llamado "centrado en el grupo" pues se basa en la aplicación de valores que posibilitan la realización del grupo como un todo permitiendo el crecimiento de cada uno de sus miembros.

Cualidades del líder: asume responsabilidades, conoce a su grupo y se comunica con él, ha alcanzado la maduréz emocional y la confianza en sí mismo, tiene destreza para relacionarse con los demás, es capáz de analizar las situaciones y tomar decisiones, muestra decisión y coraje para enfrentar dificultades, muestra iniciativa señalando acciones, posee un dinamismo natural, muestra mayor capacidad de trabajo.

Entre los tipos de líder se encuentran:

Líder voluntario. Es el que por sus capacidades o experiencia en la tarea asume esa función.

Líder profesional. Es el que ejerce un liderazgo desde la perspectiva de orientación técnica institucionalizada. Por ejemplo es el trabajador social que atiende un grupo.

Líder natural. Es el que sin mucho esfuerzo destaca por su forma innata de conducirse en los grupos de los que es parte.

El grupo en Trabajo Social.

La fuerza o "potencia de grupo", su *dinamis,* puede traducirse en fuerza educadora o madeladora y por lo tanto no sólo puede usarse, sino que no debe desperdiciarse en la acción educativa de trabajo social como medio para su intervención en diferentes problemas y situaciones sociales a través de los efectos de grupo:

1) Efecto de identificación o ayuda mutua. Todo grupo tiende a mejorar a sus integrantes brindándoles la posibilidad de desarrollar capacidades y de superar problemas personales por el mero hecho de compartir sus experiencias con otros e identificarse con ellos.

2) Efecto psicoterapéutico. Los grupos pueden "curar" a través de profundizar en el reconocimiento de sentimientos y experiencias. En ello trabajan los psicoterapeutas de grupo y los trabajadores sociales de intervención clínica grupal.

3) Efecto educativo. Los grupos pueden ser utilizados con la finalidad específica de capacitación en temas de interés común.

5.3.2.1 Técnicas grupales.

1. Concepto. Son un conjunto de medios y procedimientos sistematizados en un esquema prefijado para la interacción humana en grupo. Sirven para organizar y desarrollar la actividad grupal.

2. Objetivos.

a) Estimular la dinámica interna del grupo para lograr mayor *productividad* o logro de metas.

b) Impulsar la *gratificación* individual de sus miembros.

El estudio de la aplicación de técnicas grupales, ha demostrado a través del tiempo, que su uso aporta beneficios en la dinámica grupal, especialmente en las tareas educativas dentro de ellos (tan comúnes para el profesional de trabajo social), en lo que se conoce como *aprendizaje significativo.*

*Aprendizaje significativo. Se considera que el sujeto mejora su aprendizaje si participa activamente con el objeto de conocimiento (acción-reflexión), ya sea de manera física y con los sentidos: oler, tocar, armar, desarmar, medir, construir, o de manera intelectual: comparación de conocimientos previos, análisis, manipulación de conceptos, etc. El aprendizaje significativo es coherente y duradero en la medida que incorpora la participación activa, autogestiva y creativa del que aprende, y considera variables internas y externas (García M., 2001).

Variables internas:

- Disposición de desarrollo. Aprendizaje previo y maduración necesaria.

- Capacidad intelectual. Determinada por factores genéticos y ambientales.

- Motivación y actitud. La primera define la segunda de acuerdo a las expectativas del alumno y el desarrollo de la experiencia educativa.

- Personalidad. Los alumnos que presentan una buena integración del yo, independencia y maduréz ante presiones culturales, tendrán mayores logros.

Variables externas:

- Práctica. Se deberá realizar durante, en medio y al final de los contenidos del aprendizaje original, debiendo animar al estudiante a reformular los contenidos, y deberá aplicarse después de un periodo de tiempo.

- Materiales de enseñanza. Son el medio para transmitir la información.

3. Selección de la técnica adecuada. Existe un sinúmero de técnicas grupales, lo importante es saber aplicarlas en el momento adecuado y el contexto específico. Para ello deben tomarse en cuenta los siguientes factores:

a) Según los objetivos que se persigan. Hay que definir lo que se quiere lograr en el grupo estableciendo previamente y de manera clara, la finalidad.

b) Según el tamaño del grupo. Generalmente se trabaja muy bien con un grupo de 15 a 20 personas porque hay mayor cohesión y confianza. Sin embargo hay diferentes técnicas para cada tamaño de grupo.

c) Según los recursos. Hay que tomar en cuenta el espacio físico, el tiempo que se requiera y el uso de material específico.

d) Según las características de sus miembros. Tomar en cuenta el nivel de instrucción, intereses, edades, expectativas, etc.

e) Según la capacitación del conductor. Debe iniciarse con técnicas sencillas e ir incorporando la experiencia hasta lograr habilidades que permitan el uso de técnicas más complejas.

Las técnicas grupales de animación son muy clásicas en Trabajo Social tales como el sociodrama, el juego de roles, el simposio, la mesa redonda, el panel, el foro, el debate, el phillips 66, la clínica del rumor, e infinidad de técnicas de sensibilización, de integración y otras de enseñanza aprendizaje, sin embargo hay que recordar que las técnicas son un medio, nunca un fin en sí mismas y que no todas las técnicas sirven para todos los objetivos.

Finalmente anotamos que las técnicas generales e instrumentos usados con grupos son las comunes en ciencias sociales como la entrevista individual o grupal y la observación entre otras, que ameritan un desarrollo aparte.

*EL MÉTODO DE GRUPOS.

Orígen

En 1920, Grace Coyle (1892 – 1962) dictó el primer curso de trabajo con grupos en la Escuela de Ciencias Sociales Aplicadas, de la Universidad de la Western Reserve de Cleveland, Estados Unidos, y en 1926 esta misma universidad otorgó el primer grado de maestría a estudiantes de trabajo grupal que cursaron el currículo "Group Service" (Martínez & Peralta, 2008).

Sin embargo el Trabajo Social con grupos fue reconocido oficialmente como método en 1936 cuando la misma Trabajadora Social Grace Coyle, presenta un trabajo donde se reflejaba su experiencia de más de diez años de Trabajo Social con grupos, en la reunión de la *Conferencia Nacional de Trabajo Social de Búfalo Nueva York*, en Estados Unidos. Esta forma de intervención comienza a tener identidad en la década de los cuarenta, aunque las prácticas con grupos se remontan a la época victoriana.

Ander-Egg (1994) señala cinco grandes etapas de la evolución de este método hasta los años setenta:

- Década de los veinte: Se realizan los primeros estudios sobre el tema.

- Década de los treinta: el Trabajo Social con grupos es aceptado como método específico y autónomo de la profesión, intentando dar respuesta a los problemas de soledad producidos por el rápido proceso de industrialización y por el deterioro del tejido social.

- Década de los cuarenta. En 1949 se publican cuatro obras clásicas sobre este método:

"Práctica social de Grupo" de Gertrude Wilson y Gladys Ryland.
"El Trabajo Social en grupos" de Harleigh Trecker.
"Trabajo de grupo y cambio social" de Grace Coyle.
"Trabajo Social de grupo" de Gisela Konopka.
Con ello, el método adquiere un perfil propio.

- Década de los cincuenta: existe una expansión de la práctica del Trabajo Social con grupos.

- Década de los sesenta: aparece el Trabajo Social con grupos como modelo de tratamiento.

Desde los años setenta a la actualidad el Trabajo Social con grupos ha tenido un gran desarrollo y se ha incorporado a toda práctica profesional de los trabajadores sociales asignándole una gran variedad de funciones, entre las que se encuentran: recreativa, educativa, terapéutica rehabilitadora, socializadora, preventiva y promocional.

Concepto de Trabajo Social de Grupos

La definición clásica es de Gisela Konopka en 1963, que lo plantea como *un método de Trabajo Social que ayuda a los individuos, por medio de experiencias intencionadas en grupo, a mejorar su funcionamiento social y a enfrentarse de una manera más efectiva con sus problemas personales, de grupo o de comunidad.*

Podemos decir que el Trabajo Social de Grupo es aquella rama del Trabajo Social que se caracteriza por el uso del grupo como medio y contexto para la modificación de las circunstancias personales generadoras de malestar o circunstancias que impiden a los integrantes del grupo desarrollar sus capacidades, afectos, relaciones o responsabilidades sociales. Así mismo, el Trabajo Social de grupo se caracteriza por el uso del grupo como herramienta para la modificación del entorno y contexto social, operando en el marco de colectivos o territorios singulares y diferenciados (Campos, J.F., 2000).

Se identifican tres dimensiones del Trabajo Social de grupo:

- Dimensión individual. El trabajador social se centra en la problemática individual de los miembros del grupo, sobre todo en los grupos que ha creado para tal fin.

- Dimensión grupal. El profesional se enfoca al grupo como entidad y como sistema social apoyando su proceso grupal.

- Dimensión comunitaria. El grupo persigue objetivos para modificar o mejorar stuaciones que afectan a su comunidad.

Objetivos.

1) Restauración de las relaciones sociales a través de acciones curativas o rehabilitadoras.

2) Provisión. En 3 líneas de acción: movilización de la capacidad latente del individuo y el grupo para actuar, reorganización de los recursos sociales y de infraestructura y creación de recursos individuales y sociales para facilitar la interacción.

3) Prevención de los problemas de la interacción social.

Podríamos resumir a riesgo de ser reduccionistas de la obra de Kisnerman, que el trabajador social persigue a través de los grupos: curar, gestionar -bienes y servicios, y prevenir problemas sociales.

Yolanda Contreras de Wilhelm (2003) plantea los siguientes objetivos:

1) Capacitar a los miembros del grupo para que tenga una participación activa en los procesos sociales.

2) Impulsar y enriquecer el crecimiento, desarrollo y prooción humana.

3) Lograr la socialización de los integrantes del grupo para el intercambio de valores culturales comunitarios.

4) Contribuir al desarrollo de iniciativas y proyectos para fines socialmente deseables.

Principios del Trabajo Social con grupos

Principio democrático. Reconocer los derechos de cada persona a tomar decisiones en su vida y en el grupo.

Principio de Individualización. Reconocer que cada persona es distinta y aceptar su singularidad.

Principio de no juzgar. Tomar en cuenta que las valoraciones de los sujetos son personales y culturales y que no se debe estimar al usuario como desvalido o incapáz sino ponderar su dignidad humana.

Principio de empatía. Ofrecer una actitud comprensiva y cordial permitirá una interacción positiva y mayores logros.

Principio de respeto de interés del usuario. Tomar en cuenta que los grupos en Trabajo Social siempre son voluntarios, independientemente del objetivo institucional o profesional.

Principio de no utilización. No utilizar al grupo como medio de proselitismo o intereses personales.

Secreto profesional. Mostrar respeto por la intimidad del sujeto, aún cuaando exista plena confianza en el grupo. Siempre debe solicitarse permiso a cada persona de la que se compartirá algo.

Proceso metodológico

El proceso metodológico dependerá del tipo de grupo y finalidad que se tenga, así que deberá definirse un proceso específico para la intervención. Sólo a grandes rasgos se plantean las fases metodológicas.

1) INVESTIGACIÓN. Es la fase de recolección de datos del grupo, de cada uno de los integrantes y del medio circundante, empleando técnicas de dinámica individual y grupal.

Se tiene en cuenta básicamente la observación, las entrevistas, los cuestionarios, las visitas domiciliarias, los sociodramas, el juego de papeles y los psicodramas.

Esta fase de recogida de información incluye el diseño de instrumentos de diagnóstico, formatos e informes que den cuenta del tipo de intervención que se hará.

2) DIAGNÓSTICO. Parte de la sistematización de datos obtenidos de la vida del grupo y los componentes individuales, los cuales establecen los indicativos que caracterizan el problema o fenomenología del grupo, sus relaciones y determinantes que dan lugar al establecimiento de alternativas y prioridades.

Básicamente debe contener la interpretación y concresión de tres aspectos:

- Objetivos claros que los llevan a permanecer como grupo. - Naturaleza de los principales problemas que enfrentan como grupo respecto a su dinámica, roles, estructura, etc.

- Problemas significativos de los miembros del grupo.

- Tipo de ayuda que el profesional tiene posibilidades reales de ofrecer, formulando los recursos con los que cuenta para ello.

3) PROGRAMACIÓN. Es la fase de planeación de las actividades y proyectos que abordarán la problemática encontrada, la conflictividad del grupo y las actividades que contribuirán a la consecusión de los objetivos, apuntando las alternativas de solución mediante la ayuda institucional, la autoayuda, la rehabilitación o la promoción.

4) EJECUCIÓN. Al llevar a cabo las actividades proyectadas, es necesario tomar en cuenta no sólo resolver problemas sino propiciar el desarrollo autogestivo y la utilización de los propios recursos potenciales del grupo.

5) EVALUACIÓN. La evaluación deberá ser regular, sistemática y abarcativa de todas las fases. Sin embargo, hay momentos claves para evaluar:

- Una evaluación inicial para comprobar el grado de compromiso de cada uno de los participantes.

- Una evaluación intermedia (puede ser mensual/trimestral)

- Una evaluación final para comprobar el logro de los objetivos, las actividades desempeñadas por los participantes y la función del profesional.

También deben diseñarse instrumentos de evaluación que permitan sistematizar la experiencia profesional y valorar su seguimiento.

Rol del trabajador social con grupos

Una de las principales funciones del trabajador social de grupo es tal como ya se anotó, como *líder profesional.* Ese liderazgo se clasifica en dos: A) Liderazgo de tarea: Las funciones se relacionan con los objetivos del grupo y sus actividades, lo cual supone la búsqueda de información, la capacidad de orientación, de organización, de diagnóstico, análisis y coordinación. Y B) Liderazgo de mantenimiento, sus funciones se dirigen básicamente a propiciar relaciones satisfactorias en el seno del grupo, favoreciendo así la participación, el alivio de las tensiones, la existencia de un clima emocional positivo y de una comunicación que fomente la confianza, vigorice al grupo y ayude a resolver las tensiones interpersonales.

Otras funciones son: orientar a los miembros del grupo en su diferenciación individual respecto del grupo, fomentar la cooperación y organización grupal, asesorar el proceso de gestión de bienes y servicios para el logro de objetivos.

5.3.3 *TRABAJO SOCIAL COMUNITARIO.*

5.3.3.1 *Concepto de comunidad*

El concepto de comunidad es muy complejo y puede referirse a un sistema de relaciones psicosociales, a un agrupamiento humano dentro de un espacio geográfico o incluso a un grupo de personas asociadas al uso de la lengua porque comparten determinados patrones o hábitos culturales. Para fines de la intervención del Trabajo Social, recurriremos a la siguiente definición:

> Es una agrupación organizada de personas que se perciben como unidad social, cuyos miembros participan de algún rasgo, interés, objetivo o función común, con conciencia de pertenencia, situados en una determinada área geográfica en la cual la pluralidad de personas interacciona más intensamente entre sí que en otro contexto (Ander-Egg, 1982).

Las definiciones de comunidad más actuales hacen énfasis en dos elementos claves: los estructurales y los funcionales. Los elementos estructurales se refieren a la consideración de la comunidad como un grupo geográficamente localizado regido por organizaciones o instituciones de carácter político, social y económico.

Los elementos funcionales se refieren a la existencia de necesidades e intereses comunes, conciencia de pertenencia, identidad etc.

Es decir, la comunidad es un *sistema de espacio*s como "continente de todos los objetos que coexisten en un lugar: *relación hombre-suelo*" y un *sistema de relaciones sociales: relación hombre-hombre* (Kisnerman, 1982).

Formamos comunidades por la *sinergia* (balance) entre necesidades personales, relacionales y colectivas en el bienestar humano.

Ilustración de Montero (2004)

En la clásica diferenciación entre comunidad y sociedad, que hace Ferdinand Töonies en 1887, en su obra "Gemeinschaft und Gesellschaft" -Comunidad y sociedad, plantea que, si bien tienen como características comunes representar la *relación* y la *unión* de las personas, la comunidad es lo simple, natural "vida real y orgánica", mientras que la sociedad es lo "complejo, suplementario y artefactual". Veamos el concepto de comunidad de Tönnies:

> Comunidad es lo antiguo y sociedad lo nuevo, como cosa y nombre [...] comunidad es la vida en común duradera y auténtica; sociedad es sólo una vida en común pasajera y aparente. Con ello coincide el que la comunidad misma deba ser entendida a modo de organismo vivo, y la sociedad como agregado y artefacto mecánico.

> La teoría de la sociedad construye un círculo de hombres que, como en la comunidad, conviven pacíficamente, pero no están esencialmente unidos sino esencialmente separados, y mientras en la comunidad permanecen unidos a pesar de todas las separaciones, en la sociedad permanecen separados a pesar de todas las uniones (Tönnies, 1947 citado por Álvaro, 2010).

> Por eso mismo, en el interior de este sistema de oposiciones jerárquicas, la sociedad está condenada a ser un sustituto de lo insustituible y, en consecuencia, un mal sustituto. Como si dijéramos su doble: la sociedad es una copia cuyo modelo ideal es la comunidad, la comunidad modelo. La simetría entre los conceptos de comunidad y sociedad es sólo aparente, éstos no son de igual valor, y es precisamente sobre la base de esta desigualdad, o

de este antiguo y reiterado privilegio acordado a la comunidad, que Tönnies construye su teorema. (Álvaro, 2010, p 21)

En conclusión, somos seres gregarios por naturaleza, y "ser juntos, o ser en comunidad, significa entonces ser conforme a la naturaleza" según el autor.

Finalmente se deja abierta la reflexión: ¿Hoy prevalece la "sociedad" o la comunidad? ¿Es posible pensar en la comunidad en nuestros días, o es una utopía? ¿El Trabajo Social es una opción para rescatar el sentido comunitario?

Clasificación de las comunidades

Las comunidades tienen vínculos confusos, sin embargo, en Trabajo Social, es necesaria una clasificación tipológica que describa nuestro objeto de intervención. Pueden distinguirse *según su naturaleza* en: Religiosa, intelectual, política, étnica, virtual, etc. Y *según su caracterización socio territorial* en: Rural, Suburbana y Urbana.

Para esta última clasificación tomamos un criterio numérico arbitrario, no carente de inconvenientes sociológicos, pero que hace concreto el objeto de intervención:

Según su *caracterización socio territorial*:

1. Rural.
* Población relativamente pequeña (menos de 2500 personas)
* Actividades económicas primarias. Son sectores de ocupación que obtienen productos directamente de la naturaleza: agrícola, pesquero, minero -extracción, forestal.
* Disposición limitada de servicios.
* Mayor interacción entre sus miembros.
* Valores y tradiciones arraigadas a través del tiempo.
* Sus pobladores tienen contacto más directo con la naturaleza a través del trabajo y su vida cotidiana.
* La población es más homogénea en tanto comparte características y rasgos comunes sociales y culturales.

* La familia juega un papel preponderante, predominando las extensas y patrones patriarcales.

El porcentaje de personas que habitan en comunidades rurales en México ha disminuido. En 1950, representaba poco más del 57% del total de la población del país; en 1990 era de 29 por ciento y para el 2010, esta cifra disminuyó hasta ubicarse en 22%.[7]

2. Urbana

* Población superior a 2500 personas.
* Concentración de personas en complejos conglomerados.
* Crecimiento poblacional influenciado por procesos migratorios.
* Actividades económicas secundarias y terciarias. Secundario: Sectores que transforman materias primas en productos terminados o semielaborados como sector industrial, energético y minero —considerado por sus productos, sector de la construcción. Terciario: los que producen servicios, como transporte, comunicaciones, comercial, turístico, sanitario, educativo, etc.
* Mayor disposición de servicios y equipamiento.
* Población más heterogénea y distante a pesar de compartir espacios.
* Menor interacción entre sus miembros. Desconfianza y anonimato.
* Generalmente la familia es nuclear. Mayor distribución de roles sociales.
* Pérdida o mutación de valores del lugar de origen, o se mezclan costumbres y tradiciones interculturales.
* Es palpable la pobreza y desigualdad social (desempleo, inseguridad, etc.)

En 1950, poco menos de 43% de la población en México vivía en localidades urbanas, en 1990 era de 71 por ciento y para 2010, esta cifra aumentó a casi 78%[8].

---

[7] Fuente: INEGI
[8] Ídem

3. Suburbana

* Grupos poblacionales cercanos o en el entorno de las ciudades.
* Originados por procesos migratorios del campo a la ciudad.
* Regularmente empiezan como asentamientos humanos irregulares, por lo que carecen de servicios públicos y equipamiento.
* La carencia de servicios básicos propicia problemas colaterales de salud, educación, violencia, etc.
* Condiciones económicas precarias o de bajos ingresos, lo que se refleja en sus patrones de consumo y uso del espacio.
* Relaciones sociales híbridas de comunidad rural y urbana.

Estructura de la comunidad

Es la forma como se organiza la comunidad de acuerdo al tipo de relaciones históricas existentes, en donde los sujetos realizan sus actividades. Son los siguientes:

Estructura social: Relaciones sociales en el barrio, la escuela, el trabajo, la familia y relaciones culturales (tradiciones, costumbres, etc.)

Estructura económica: Relaciones sociales de producción, comercialización y consumo de bienes y servicios destinados a satisfacer necesidades vitales. Son importantes los recursos, el nivel de tecnología en los medios e instrumentos de trabajo, el mercado, los salarios, etc.

Estructura política: Formas de organización y conducción de las comunidades, forma de gobierno y toma de decisiones, ejercicio de autoridad y red de instituciones, relaciones y formas de distribución de poder, capacidades de organización de los sujetos para demandar o actuar frente a sus necesidades.

Estructura jurídica: Normas internas que regulan la vida comunitaria, escritas o no pero que se hacen cumplir por tradición, de generación en generación. Formas e instrumentos para la procuración de justicia, leyes de convivencia basadas en la costumbre y promulgadas por la autoridad.

Estructura cultural: Sistema de valores, costumbres, creencias, instituciones que se van recreando históricamente. La dimensión social y cultural se retroalimentan, por eso las culturas lejos de ser conjuntos coherentes de reglas y creencias, cambian constantemente y repercuten en valores y normas.

Conceptos básicos de Trabajo Social comunitario

Cultura. Es un término polisémico, pues se puede definir desde muy distintos enfoques antropológicos. Sin embargo, partimos de que es un producto humano que se construye en la vida social comunitaria, se transmite históricamente y genera un sentimiento de pertenencia (Anda, 1995). Es un conjunto de elementos y rasgos que distinguen a un grupo humano, y que adquieren determinados significados en la interacción social. Pueden distinguirse dos partes de ella:

- Cultura material: utensilios, objetos, tecnología, y
- Cultura no material o ideacional: valores, costumbres, moral, ideas.

Desarrollo social. El Desarrollos social es un concepto muy importante para los trabajadores sociales y su intervención en los espacios comunitarios, pues concibe el abordaje de las desigualdades sociales y el desarrollo de capital humano y capital social. Desde los esfuerzos internacionales se han demandado leyes y políticas públicas que regulen estos procesos, y han dado paso a la implementación de recursos institucionales como es el caso de la Secretaría de Desarrollo Social en México.

Para James Midgley el desarrollo social es "un proceso de promoción del bienestar de las personas en conjunción con un proceso dinámico de desarrollo económico" (en cita de Dralbe & Riesco, 2006). Es un proceso que conduce al mejoramiento de las condiciones de vida de toda la población en diferentes ámbitos: nutrición, vivienda, vulnerabilidad, seguridad social, empleo, salarios, etc.

El concepto implica: crecimiento económico, distribución de la riqueza y respeto a los derechos humanos.[9]

Podemos decir, muy brevemente que los objetivos del Desarrollo social son reducir la pobreza y aumentar el *Bienestar social*. Este último concepto se revisa en el capítulo VII.

Promoción social. Siguiendo a Silvia Galeana (1996), se concibe desde la perspectiva sistémica como cooperación organizada y comprometida de una comunidad con un proyecto propio de desarrollo social, a través de estrategias de intervención comunitaria y teniendo como elementos básicos la *participación social* y la *organización social*.

Participación social. Es un proceso de interrelación entre el Estado y la sociedad civil del cual se derivan mecanismos y formas de manifestación, cooperación y movilización explicitados por los grupos para enfrentar problemas y gestionar requerimientos que den respuesta a sus necesidades y demandas inmediatas (Chávez, 2009).

> Es la acción popular que garantiza la autenticidad en la toma de decisiones, y no se puede limitar a la asistencia y presencia pasivas; por el contrario, la actitud generadora es premisa determinante en cualquier proyecto social […]. Entendida en su sentido más integral, la participación social [es] no sólo respuesta a la movilización convocada desde un centro, sino intervención activa en todo el proceso social, desde la identificación de necesidades, la consecuente formulación y definición de políticas y su ejecución y control (Macías Reyes, 2012).

Antecedentes del TS Comunitario

DESARROLLO COMUNITARIO

El término *Desarrollo comunitario* fue concebido en 1942 por la "Oficina Británica de Colonias", para designar el programa de acción social que desarrollaban en sus colonias (Lillo & Roselló, 2004): Aparece como un conjunto de programas promovidos por organizaciones no gubernamentales en países "subdesarrollados".

---

[9] Ver *Desarrollo social*, 2009. Lozoya y Palomera en Manual de Trabajo Social, Sánchez Rosado coord.

Estos programas se enmarcaban en una perspectiva desarrollista, en la que se destacaban los indicadores cuantitativos, es decir su nivel de desarrollo económico.

Posteriormente aparece como un modelo de trabajo con comunidades, con un desarrollo ideológico, teórico y metodológico, este desarrollo se produce como consecuencia de un doble proceso:

a) Las críticas a los programas de desarrollo de la comunidad implementados por organismos internacionales y países colonizadores.

b) La idea de que el Trabajo Social, en tanto que profesión de acción o praxis, precisaba de un planteamiento ideológico que definiera el sentido del cambio social que la profesión promovía. Esa ideología la encuentran los autores del movimiento de la reconceptualización en la perspectiva crítica o dialéctica. En la misma, se concebía el Trabajo Social dentro de un planteamiento global y comunitario, ya que no era posible dar una respuesta a las necesidades sociales sin tener en cuenta un planteamiento más amplio que abarcara lo económico, la vivienda, la educación, etcétera.

Hay que señalar que se gestó *fuera de la profesión* de Trabajo Social en países en proceso de descolonización de África, Asia, América Latina y Europa. El desarrollo de la comunidad nace y se desarrolla fuera del campo del Trabajo Social profesional, constituyendo una línea de desarrollo conceptual, que ha significado un elemento constitutivo importante del *Trabajo Social Comunitario*.

En la década de los cincuenta, diferentes organismos especializados de las Naciones Unidas promueven programas de desarrollo comunitario: UNESCO (educación de adultos, educación fundamental), OIT (promoción de cooperativas y de pequeñas industrias locales), FAO (extensión agrícola, economía doméstica, demostración del hogar) y OMS (proyectos demostrativos de saneamiento rural).

Comenzaron a surgir voces críticas que destacaban la contradicción entre los objetivos manifiestos de emancipación frente a los objetivos latentes, como se refleja en el siguiente extracto de Ander-Egg (1982):

> Las acciones programadas tenían, fundamentalmente, objetivos educacionales: alfabetización, capacitación laboral, etc., destinados a preparar la fuerza de trabajo que requerían las industrias instaladas en las colonias. Como telón de fondo, estos programas eran acciones encaminadas a introyectar en los colonizados los valores del sistema imperial para que la gente funcionara de acuerdo a esas pautas y valores.

En los años sesenta aparecen las primeras versiones del desarrollo de la comunidad elaboradas por autores latinoamericanos, en el marco del movimiento de la reconceptualización: Ricardo Pozas en México, Carlos M. Jiménez en Costa Rica, Rubén Darío Utría en Perú, Ezequiel Ander-Egg en Argentina y Herman Kruse en Uruguay.

Las formulaciones que estos autores realizan del desarrollo comunitario, se enmarcan en una perspectiva crítica, superando los planteamientos funcionalistas y desarrollistas de los programas de desarrollo comunitario propuestos para las colonias. Ellos sugieren que el Desarrollo comunitario se compone de:

- *El desarrollo económico*: interés por elevar el nivel de vida mediante el aumento de la eficiencia productiva; para ello se utilizan los instrumentos procedentes de la planificación y del urbanismo.

- *La organización de la comunidad*: influida en su configuración, por la necesidad de ordenar la asistencia social y por la necesidad de educación permanente de la población.

ORGANIZACIÓN DE LA COMUNIDAD

La organización de la comunidad surge dentro de la profesión del Trabajo Social en Estados Unidos, a diferencia del Desarrollo comunitario, como se ha señalado anteriormente y se da paso al

Método de organización y Desarrollo de la Comunidad o Trabajo Social Comunitario.

Ya desde la presentación del "Lane Report", en la "National Conference of Social Work", realizada en el año 1939 en Búfalo (Estados Unidos), se habla de la necesidad de intervenir en la comunidad, proponiendo que sea considerado formalmente como parte de la práctica del Trabajo Social.

Este informe recoge tres definiciones diferentes de la organización de la comunidad, cuyos contenidos a pesar de divergir, señalan como objetivo de la misma, la producción y el mantenimiento de un ajuste entre las necesidades de bienestar social comunitario y los recursos. La National Association of Social Work señala en 1962, los *objetivos* del método destacando tres:

• Proporcionar a la comunidad la oportunidad de movilizar los recursos para resolver o prevenir los problemas sociales.

• Proporcionar medios de interacción entre diferentes sectores (ciudadanos, profesionales, otros sistemas de bienestar).

• Proporcionar a la comunidad un servicio de planificación del bienestar mediante el desarrollo de planes de bienestar social y su realización.

Finalmente es importante destacar que los antecedentes del Trabajo Social comunitario mexicano, tienen sus raíces en las misiones culturales de José Vasconcelos en 1921 y posteriormente en el periodo post revolucionario en el gobierno de Lázaro Cárdenas en 1934, en el que las políticas públicas tuvieron una marcada orientación social con impulso a la educación de las clases populares y los sectores indígenas. Se crea también en 1950 el Centro Regional de Educación Fundamental para América Latina (CREFAL) en Pátzcuaro, Michoacán y en 1961 se crea el Centro de Educación Fundamental para el Desarrollo Comunitario con la intención de formar técnicos en programas comunitarios (Miranda A., 2002).

Concepto de Trabajo Social Comunitario

Según Manuel Moix (1991), el Trabajo Social Comunitario implica la "aproximación intergrupal del profesional de trabajo social, a la solución de problemas sociales, el incremento del conocimiento y comprensión de necesidades de la comunidad y el tipo de ayuda precisa para que puedan satisfacerse; por tanto, da gran importancia al conocimiento de los recursos de la comunidad y a la ayuda que esta precise para resolver sus problemas".

Malcom Payne (1995), señala que el trabajo social comunitario debe ser considerado como una forma de intervención práctica que exige una base teórica y de conocimiento que es más sociológica que psicológica a diferencia de lo que ocurre en otros niveles de intervención del trabajo social, como el trabajo con individuos, familias y grupos.

Objeto de estudio

Actualmente, partiendo de la superación de la concepción de los diferentes "métodos tradicionales" en Trabajo Social, se habla del *proceso en los niveles de intervención* del Trabajo Social, que es único en sus planteamientos teóricos y conceptuales, pero que tiene características diferenciales dependiendo del tipo de "sistema cliente". Por ello se considera que el objeto del trabajo social comunitario puede entenderse como *la colectividad comunitaria en su conjunto.*

Por otro lado, la intervención comunitaria no se realiza con sujetos abstractos, sino con individuos organizados a través de grupos (primarios y secundarios) y organizaciones, que conforman la comunidad, y sus acciones van encaminadas al logro de mejoras en términos de bienestar para los individuos de dicha comunidad.

Por su parte, la intervención comunitaria trata de influir en los niveles microsociales (persona, familia y grupo) para afectar al nivel macro mediante el desarrollo de proyectos sociales y acciones concretas, incorporando programas como los de educación de adultos y animación sociocultural.

Las **características** del TS Comunitario pueden sintetizarse en las siguientes:

- La intervención, contempla la *delimitación* de la categoría de la población involucrada (barrio, hospital, universidad). Lo que supone un alto grado de interacción entre los participantes y la relación directa entre el sistema cliente (personas, familias y grupos) y los profesionales.

- Tiene un carácter público. Las acciones están a la vista de todos los actores sociales. Esto implica compartir los procesos y resultados, pudiendo ser fuente de conflictos entre intereses opuestos -comunitarios, institucionales, políticos etc.

- Suelen ser intervenciones de larga duración, de ahí la importancia de una organización planificada en el tiempo, establecimiento de plazos, etc.

Perfil del trabajador social comunitario:

La cuestión del rol profesional del Trabajador social comunitario ha sido considerada por diversos autores. A continuación, se presentan diferentes conceptualizaciones, que debemos contemplar de forma ecléctica para configurar el perfil propio de trabajador social comunitario:

- Agente de cambio (Twelvetrees y De Robertis)

Es dentro del marco de los grupos como cada persona puede ejercer plenamente su rol de ciudadanía y participar en la vida pública, influenciar en las decisiones, crear encuentros, defender derechos y opiniones (De Robertis & Pascal, 1994).

- Regulador en la relación técnico-política (Marchioni)

Se refiere a la mediación entre el profesional y los actores institucionales o políticos que promueven proyectos comunitarios, donde el profesional debe priorizar el bien comunitario (Marchioni, 1997).

- Roles del profesional (Murray G. Ross, 1967)

Para Ross el papel del trabajador social comunitario combina funciones de guía, capacitador, experto y terapeuta social:

Papel de guía: es su principal papel. En este rol el trabajador social ayuda a la comunidad a encontrar medios de conseguir sus propios fines. Debe tomar en cuenta que implica la iniciativa de acercamiento a una comunidad que no ha pedido ayuda. Este es el trabajo más difícil, el que se realiza con las comunidades que presentan actitudes de indiferencia y desorganización; aquí la tarea del trabajador social es la de estimular un sentido de necesidad para una vida más adecuada. Supone la identificación del trabajador social con la comunidad y la comprensión de las situaciones que vive la misma, enfocándose en establecer relaciones adecuadas con la comunidad y sus grupos.

Papel de capacitador: En primer lugar, debe ayudar a despertar y enfocar el descontento, como factor que genere la motivación y estimulo de la comunidad. Se trata de un agente catalizador, que facilita la comunicación entre las personas y grupos de la comunidad, organizando procesos educativos.

Papel de experto: consistente en facilitar información y orientaciones sobre la situación de la comunidad con la que trabaja, en los diferentes momentos del proceso: investigación, diagnóstico de la comunidad, manejo de métodos, información técnica, valoración y datos sobre otras comunidades.

Papel de terapeuta: este papel implica la actuación como terapeutas sociales, realizando un diagnóstico y tratamiento de la comunidad, a través de sus grupos representativos. Para ello tiene que descubrir las ideas y actitudes que crean tensión y que generan la desintegración en la comunidad, para hacer que los grupos de esta las reconozcan y acoten, para posteriormente desarrollar sus capacidades de funcionamiento social.

5.3.3.2 Educación social

Una de las transformaciones más importantes en la educación, después de la segunda guerra mundial es la incorporación de la educación no formal, que rápidamente se adoptó en el Trabajo Social Comunitario y que dio paso a algunos modelos de intervención comunitaria (véase Metodología dialéctica). Comencemos por revisar los tipos de educación que existen según su formalización, basándonos en el español Jaume Sarramona (2000):

*Educación formal: aquella que es explícitamente intencional, sistemática y estructurada y que conlleva al logro de titulaciones o certificaciones académicas reguladas. Se inserta en el Sistema Educativo oficial o formal. Por ejemplo, en México, Sistema Educativo Mexicano (SEM) y comprende los niveles de educación pre-escolar, básica, media y superior.

*Educación No formal: aquella que es No oficial, es decir que no otorga acreditaciones académicas, pero en la que se da capacitación en diferentes áreas prácticas y que se dirige principalmente a adultos. Aunque cuenta con una estructura organizada, no tiene una regulación legal estricta. Ejemplo de ellas son los aprendizajes de arte, salud, formación laboral, etc.

*Educación informal: Es la que no tiene una intencionalidad educativa explícita y cuya organización y sistematización es muy baja o nula. Es decir, son todas las influencias que educan de forma social, como lo que se aprende en la comunidad o a través de la socialización y la vida cotidiana.

Las FUNCIONES de la educación no-formal siguiendo a Escalera y Acuña (2009) son principalmente:

-        Compensar a los grupos de población que no han tenido acceso a los beneficios del sistema escolar.

- Compensar las diferencias sociales y económicas, capacitando a los grupos menos favorecidos para que puedan desempeñar un trabajo económicamente productivo

- Incorporar a los grupos marginados para que puedan participar activamente en la toma de decisiones que afectan su vida personal y comunitaria.

Proceso metodológico

Existen muy variadas propuestas metodológicas para trabajar en comunidad, se recomienda profundizar en la de Ezequiel Ander-Egg, Angélica Gallardo Clark y Roberto Follari, así como en modelos de intervención tradicionales (desarrollo de la comunidad, acción social, planificación social) metodología dialéctica (método de concientización, Investigación-acción participativa –IAP, modelo radical), modelo de análisis de necesidades (socioeducativo) modelo de trabajo comunitario agenciado en instituciones y otras.

Se definen muy brevemente los momentos metodológicos *generales*, en donde una de los elementos más importantes será la participación activa y comprometida de la comunidad.

1) INVESTIGACIÓN. Es la fase de aproximación inicial o primer contacto con la comunidad. Se motiva a la comunidad para establecer necesidades y problemas más sentidos, encuadrando un estudio que sitúe problemas y recursos. Es el momento del método científico llamado definición del problema de investigación y sirve de base para el diseño posterior del proyecto de intervención.

2) DIAGNÓSTICO. Se elabora la interpretación de la realidad comunitaria tomando un tipo de modelo diagnóstico como el autodiagnóstico comunitario, el diagnostico por categorías, u otro para establecer y delimitar el universo de trabajo y preparar el diseño de la intervención.

Debe contener:

- Una correcta formulación del problema y su ubicación en el contexto global institucional o social.

- Un análisis de las contingencias que intervienen en el problema y las relaciones hipotéticas existentes ente ellas.

- El encuadre del análisis de problemas y recursos, para equilibrar los datos encontrados con los objetivos comunitarios, profesionales e institucionales.

Pueden distinguirse principalmente dos tipos de diagnóstico: Pasivo y participativo.

DIAGNÓSTICO PASIVO: es aquel que se recaba mediante la indagación con las personas de la comunidad, sin que ellas participen. No se les toma en cuenta para la toma de decisiones, ni en la construcción de la intervención. Es autoritario pues "restringe el poder de decisión de la comunidad, concentra el poder en quienes reciben y procesan datos" (Prieto, 1999).

DIAGNÓSTICO PARTICIPATIVO O AUTODIAGNÓSTICO: Se parte de los intereses de los actores y grupos comunitarios, para incidir en su comunidad por ellos mismos. Integra la historia de la comunidad, su organización y sus problemas percibidos como los más importantes.

Objetivos. El propósito del autodiagnóstico es que los actores comunitarios determinen los elementos que les afectan, por ellos mismos y con la guía del profesional. Se resumen en tres objetivos (De Shutter, 1986):

a) Aprendizaje: educación, capacitación y socialización del instrumental para el conocimiento científico, a partir del saber común que la población tiene de la propia realidad. De esto se deriva la determinación de las necesidades básicas, su jerarquización y búsqueda de recursos para las acciones.

b) Organización comunitaria: se requiere de una organización previa y el proyecto tiene que incorporar paulatinamente al conjunto comunitario.

c) Continuidad y autonomía. Como consecuencia de la organización, el proyecto puede continuar incluso a pesar de situaciones coyunturales de instituciones que les atiendan o patrocinen.

Fases del autodiagnóstico.

- Planear la obtención de la información: Qué, quiénes y cómo.
- Obtener la información.
- Dar a conocer a información.
- Analizar e interpretar la información.
- Seleccionar alternativas de acción en base a su posibilidad, relacionándolas con los recursos y capacidades disponibles o adquiribles.
- Iniciar acciones sobre las alternativas seleccionadas.
- La práctica determinará futuras necesidades de información y acción, repitiéndose el ciclo.

Un instrumento muy útil en el diagnóstico comunitario de cualquier tipo resulta ser el *estudio de comunidad*.

ESTUDIO DE COMUNIDAD: es el instrumento usado en la práctica social para recopilar datos relevantes de la comunidad y conocer su complejidad, a través de la técnica de investigación de campo. Este debe contener:

a) Situación y organización geográfica
b) Antecedentes históricos (a través de fuentes documentales)
c) Características de la población
d) Condiciones económicas
e) organización política, religiosa y demás elementos de la estructura de la comunidad
f) Tipología familiar más común en la comunidad

3) PLANEACIÓN. Ander-Egg propone las siguientes pautas de planeación:

• Definir claramente los objetivos (relacionando aspiraciones de la comunidad, la esfera técnica, el alcance institucional y político).

• Proponer objetivos viables y operativos
• Establecer una jerarquización de objetivos

- Determinar claramente los recursos disponibles
- Establecer tiempo y ritmo del plan, programa y proyectos
- Proponer diversas estrategias de acción

Consiste en preparar el esquema de acciones que se tomarán de acuerdo a lo encontrado definiendo el plan, programa y proyecto (s).

Plan, que es el planteamiento de las metas más generales de la intervención.

Programa. Concepto que ordena y vincula cronológica, espacial y técnicamente las acciones o actividades y recursos necesarios para alcanzar en un tiempo dado una meta específica que contribuirá a su vez al cumplimiento del plan. Es decir, contiene especificidades sobre qué se hará, cuándo, dónde, con qué recursos y quiénes serán los actores sociales responsables. Sus alcances suelen ser mediatos.

Proyecto. Unidad operativa más pequeña en la planeación que contiene acciones que responden a necesidades concretas para producir determinados bienes o servicios, pudiendo ejecutarse administrativamente en forma independiente o en un conjunto de proyectos del programa. Sus alcances son inmediatos. Su esquema de diseño incluye:

- Denominación del proyecto
- Naturaleza del proyecto (fundamentación, servicios que prestará, localización física del proyecto, macro, micro)
- Actividades y tareas a realizar (sincronización, cronogramas)
- Especificación de las técnicas
- Cálculo de costos
- Determinación de recursos (humanos, materiales, técnicos, financieros)
- Determinación de plazos.

4) EJECUCIÓN. Se lleva a cabo lo planeado utilizando los instrumentos de sistematización diseñados para controlar las acciones y procediendo al registro de los avances logrados. Es el

centro del trabajo de campo y requiere del máximo de participación activa del equipo de trabajo y otras personas importantes, voluntarios, profesionales, y técnicos. Comprende procesos de:

- Coordinación y es de tipo horizontal (a través de delegación de responsabilidades) y vertical (jerarquización a nivel institucional y de actores)
- Supervisión
- Capacitación de los actores comunitarios
- Detección y trabajo con líderes comunitarios

5) EVALUACIÓN. Proceso metodológico que se mantiene constante a través de toda la trayectoria metodológica y por el cual es posible ir observando la acción para enmendarla si fuera necesario.

La evaluación consiste en la confrontación entre las metas programadas y aquellas alcanzadas, señalando al mismo tiempo los aciertos y errores que pueden servir de experiencias para el futuro. Observación y evaluación marchan paralelamente, ya que todo lo observado es evaluable. La evaluación tiene como finalidad fundamental, el convertirse en la garantía del proceso educativo.

La evaluación permite corroborar si las hipótesis formuladas a nivel de la investigación fueron comprobadas o no.

Las técnicas e instrumentos utilizados en este método son:

La observación, el diagrama, organigrama, mapas, archivos oficiales, diario de campo, cédula de campo, cuestionarios, estructuración grupal, árbol de problemas, técnicas educativas y estudio de comunidad.

Reflexiones sobre la metodología tradicional

Durante la década de los sesenta, en la reconceptualización, se comienza a cuestionar la metodología tradicional por considerar que estaba basada en el pensamiento decimonónico, que había evolucionado. Sobre todo, el método de casos, ya que su base médico-biologicista del funcionamiento humano lo convertía en un fuerte elemento de *control social*, dadas las expectativas hacia el *cambio social*. Por otra parte, se consideró que la división de los métodos (caso, grupo y comunidad) era artificial, por cuanto separaba las situaciones sociales sin considerar el continuum de las relaciones sociales. Todo ello no impide que se recuperen los grandes aportes de estas formas de intervención que siguen siendo utilizadas por los trabajadores sociales, sin embargo, así surge la *metodología de transición*.

5.4 Metodología de transición

Durante los años de la reconceptualización y en medio de las grandes conmociones políticas, sociales y económicas de Latinoamérica, aparece una gran inquietud por la reflexión de la pertinencia de los métodos tradicionales (caso, grupo y comunidad), hasta entonces reconocidos en la profesión. Surgen entonces distintas propuestas metodológicas que intentan recomponer la forma de hacer Trabajo Social:

> Cuando en el transcurso de los años sesenta se abren las ventanas del envejecido edificio del Trabajo Social tradicional y el aire fresco de la reconceptualización fue adquiriendo una fuerza cada vez más avasallante, todos los niveles y todos los aspectos del quehacer profesional comenzaron a ser cuestionados. [...] De modo tal que la reformulación metodológica apuntó a dar un salto de la acción sobre efectos a la acción sobre causas. Hubo quienes cayeron en la "metodologitis". (Ander-Egg, 2003)

Un primer intento de reformulación metodológica estuvo dado por la tendencia "integracionista", a partir de la estructura común de actuación, de los llamados métodos de caso, grupo y comunidad, en los denominados métodos de transición: básico, único e integrado.

MÉTODO BÁSICO

En 1958 Helena Junqueira, publicó un artículo titulado "Os Principios Básicos na aplicacao dos métodos de Servicio Social" (Los Principios Básicos relativos a la aplicación de los métodos de

145

Servicio Social) en el que sustentó: "el método básico consiste en el estudio del individuo, del grupo y la comunidad para la interpretación y diagnóstico de sus necesidades en el planeamiento del tratamiento del problema o de atención a necesidades..." (Kisnerman, citado por Barreto *et. al.*), pero es en 1969 bajo la influencia de Paulo Freire, cuando el método básico se publica en la Universidad Católica de Chile:

En 1966 la Pontificia Universidad Católica de Chile inicia el cuestionamiento metodológico de los métodos tradicionales "Nuestra escuela se incorporó a este proceso en 1966 y ha contribuido con diferentes aportes. La proposición de un método básico de Trabajo Social se empieza a gestar en ella en dicho año, dando origen al documento 'algunas reflexiones sobre fundamentos y metodología de Servicio Social' publicada en 1968" (Nidia Aylwin, en Barreto *op cit*).

En 1969 la escuela de Trabajo Social de la Universidad Católica de Chile publica un mimeografiado que recorrió toda América Latina titulado "método básico" definido políticamente como una opción para los cambios estructurales de la sociedad capitalista dependiente. María Angélica Gallardo Clark (1976) por su parte publica su propuesta para el mismo.

Fases del método básico

INVESTIGACIÓN

a) Nivel de investigación preliminar o exploratoria. Tiene por objeto obtener un conocimiento global de la Situación Social en estudio: sus principales características, estructuración, configuración, formas de relaciones, necesidades emergentes, contradicciones que existen, principales usos, valores costumbres y modalidades de pensamiento de la gente.

Consta de: reconocimiento del medio, contacto grupal (se forma un grupo o equipo permanente de apoyo), descubrimiento temático (se detectan los temas significativos del usuario a través de láminas, representaciones, etc. —adecuación del método psicosocial o de concientización, de Freire).

b) Nivel de investigación descriptiva. El TS debe decidir, seleccionar los aspectos más importantes encontrados para profundizar en ellos. El registro de observaciones de conductas, formas de vida, palabras de uso frecuente, valores, etc. deberá continuarse, con fines de codificación o de utilización de algún otro procedimiento para la concientización.

Etapas: Delimitación de la situación a investigar, análisis del universo que se investiga, diseño de la investigación, trabajo de campo, interpretación.

DIAGNÓSTICO

Descripción pormenorizada de los problemas y recursos existentes, su naturaleza, cuantía y proyección a futuro.

Estructura: a) jerarquización y b) diagnóstico propiamente.

PROGRAMACIÓN

Determina las acciones de acuerdo a los fines, objetivos, medios y recursos de que se dispone, dentro de determinados plazos, que pueden ser de corto, mediano o largo alcance.

a) Planteamiento de objetivos
b) Revisión de planes, programas y proyectos
c) Determinación de recursos
d) Alternativas de acción
e) Elaboración de códigos u otros procedimientos

EJECUCIÓN

Puesta en marcha de la estrategia diseñada. Las acciones son organizar, dirigir y administrar lo planeado. Pretende: a) modificaciones en la realidad y b) transformaciones en las conciencias.

EVALUACIÓN

Es constante en toda la trayectoria metodológica, desde los primeros contactos con los sujetos y su realidad, para observar la acción profesional y enmendarla si es necesario.

Consiste en confrontar lo programado con lo realizado, medir los objetivos alcanzados. Revisar el proceso, disminuir los grados de error y revalorar el objeto de estudio.

MÉTODO ÚNICO

El método Único se caracteriza por desarrollar FUNCIONES y por la complejidad en la dimensión operativa. Es resultado del IV Seminario Regional en Chile en 1968 donde se cuestiona la metodología estructural-funcionalista y se aborda ampliamente los temas de la *reconceptualización*. Se basa en la formulación de nuevos objetivos y funciones profesionales, como la concientización, el cambio social, promoción social, asistencia y prevención social.

Señala como *objetivos profesionales* la obtención de la transformación social, a través de la acción racional.

Los elementos predominantes del método se concentran en cuatro funciones principales, a cada una de las cuales corresponde un proceso metodológico específico:

FUNCIÓN DE EDUCACIÓN SOCIAL basada en el *método de concientización* de Paulo Freire, para lograr:

  a. Capacitación social básica
  b. Capacitación técnica básica
  c. Cambio de las estructuras mentales

FUNCIÓN DE INVESTIGACIÓN SOCIAL para:

  a. Investigar la realidad social
  b. Investigar las instituciones de Bienestar Social
  c. Investigar el campo de Trabajo Social

La metodología implementada es:

  1. Sentimiento del problema
  2. Delimitación del tema

3. Formulación de hipótesis
4. Diseño de la investigación
5. Trabajo de campo
6. Análisis e interpretación de datos
7. Informe final

FUNCIÓN DE PLANIFICACIÓN SOCIAL para lograr: cooperación en el diseño de políticas sociales en un nivel nacional (el específico) y para contribuir al cambio de estructuras.

La metodología propuesta para esta función es:

1. Diagnóstico
2. Determinación de metas y medios
3. Discusión y decisión
4. Elaboración del plan
5. Ejecución
6. Evaluación

FUNCIÓN ASISTENCIAL para solucionar los problemas inmediatos empleando el siguiente proceso:

1. Conocimiento del medio
2. Diagnóstico
3. Programación
4. Ejecución
5. Evaluación

De los tres métodos. El Único, es el menos difundido y conocido por el gremio de Trabajadores Sociales, por la dificultad de su operacionalización (Jorge Torres citado Barreto *et. al.*)

Se pretendió dar un sentido más científico a la metodología tradicional, sin embargo, se considera que los métodos básico, único e integrado son muy parecidos, y según Boris Lima (1983), "su estructura metodológica las más de las veces presenta etapas que se repiten y pueden incluso, confundir al técnico que va a desarrollarlas" por lo que no tuvieron la trascendencia y operacionalidad suficiente.

MÉTODO INTEGRADO

En Puerto Rico en 1959, Antonia Suárez de Ortiz introduce la categoría de *Trabajo Social polivalente*, para designar la *integración* de los procesos de caso, grupo y comunidad, los cuales considera susceptibles de combinar en cualquier acción profesional. Es la búsqueda de un método común de intervención para solucionar los problemas sociales, respondiendo a la nueva problemática institucional y los múltiples problemas que se atendían ya no como caso, grupo o comunidad sino como un solo proceso definido por las siguientes fases:

TIPO A	TIPO B
1. Estudio	1. Estudio
2. Diagnóstico	2. Diagnóstico
3. Ejecución (tratamiento)	3. Formulación del plan
4. Evaluación	4. Tratamiento o ejecución programática

Elaboración propia

La definición y explicación de la "integración" fue presentada en el encuentro de Teresópolis organizado en Brasil en 1970:

"Integración. Simultaneidad de aplicación de los tres métodos o procesos y de mayor rentabilidad de la actuación del Servicio Social. Algunas concepciones recientes clasificadas:

1. En relación al programa: Teoría y práctica del Servicio Social aplicadas simultáneamente y a través de los tres métodos básicos.

2. En relación con la clientela: atiende a la misma clientela: individuos y grupos integrantes de una comunidad.

3. En relación con la institución: una misma institución aplica los tres procesos.

4. En relación con el profesional: el mismo profesional aplica los tres métodos o procesos".

150

5.5 Metodología dialéctica

A partir del movimiento de *reconceptualización* en los sesentas y acorde con las tendencias de las ciencias sociales en general, se desarrollan perspectivas *críticas* con bases del materialismo histórico y dialéctico en la postura de Marx, cuestionando el positivismo y funcionalismo anterior.

Ello da paso al desarrollo de propuestas metodológicas denominadas dialécticas, aplicadas principalmente en el Trabajo Social comunitario: la *educación y concientización de personas adultas, método MEI,* la *animación socio cultural,* la *investigación acción,* la *investigación-acción participativa (IAP),* el *método de militancia y compromiso,* la propuesta de *intervención en la realidad* y la de *acción transformadora.* Por razones de extensión del presente trabajo sólo se presenta brevemente el método de concientización, el método MEI, IAP y modelo radical:

MÉTODO DE CONCIENTIZACIÓN O TEMÁTICO (Paulo Freire)

En la década de los 60's se incorporó en el Trabajo Social la metodología basada en la *educación No formal* (véase el tema Educación Social). Se deja de considerar el papel protagonista del profesional en los cambios sociales, para incorporar el empoderamiento de la población. Este "despertar" se da básicamente en América Latina a través del *método temático o de concientización,* cuyo máximo exponente es Paulo Freire y su visión y comprensión marxista de la historia.

Freire construye y pone en práctica en Brasil su método que se define como *proceso basado en la objetivización de la realidad y la toma de conciencia de la problemática popular, a través de acciones de educación a las clases populares.* Se adopta en Chile en 1965 y se vincula a los estudios de Trabajo Social imprimiéndole una concepción de cambio.

Cambio, rol, cultura, problematización, desmitificación, círculos de cultura, alfabetización, tematización, codificación, palabras generadoras y descodificación, son el lenguaje con el cual construye un nuevo método. Actualmente este método se emplea en los procesos educativos.

Conceptos principales (de Freire, en Herman Kruse, 1986):

*EDUCACIÓN LIBERADORA. Concepto que concibe la dignidad de los hombres y aplica la educación que toma en cuenta al hombre verdadero y real, que parte de él y busca llevarlo a su plena humanización. El hombre no se libera sólo, ni es liberado por otro, sino que se libera en comunión y partiendo desde su realidad. Este concepto lo confronta con el concepto tradicional que Freire denomina *educación bancaria* que ve al hombre como recipiente o como mero receptor y repetidor, en el cual "se depositan" contenidos a conveniencia.

*UNIVERSO VOCABULAR. Se refiere a la diferencia cuantitativa del número de palabras que utilizan los distintos sectores sociales. Mientras un profesional de clase media incorpora varios miles de términos, una persona de un barrio marginado apenas conoce unos cientos de vocablos. Esa diferencia se vuelve cualitativa porque esa persona se maneja en la vida con un número muy reducido de conceptos, que tomando en cuenta que somos seres conceptuales —necesitamos formar conceptos para entender y comunicar lo que vivimos- afecta su comprensión del mundo y hace que sin argumentos disponibles, se encamine a la violencia y la sinrazón.

*TEMAS GENERADORES. Son aquellos conceptos y palabras que se relacionan con las cuestiones vitales de una población y que pueden generar cuestiones muy significativas en su vida cotidiana. El método que propone Freire implica descubrir el universo vocabular y dentro de este los temas generadores que permitan el debate concientizador a través el diálogo pedagógico.

*NIVELES DE CONCIENCIA. Freire aporta los llamados niveles de conciencia, en los que distingue:

a) Conciencia mágica. Es típica de los sectores con menos instrucción como puede ser el sector campesino, población indígena o marginada. En ella todo tiene una explicación por factores superiores ya determinados (Dios, el destino, la suerte), frente a los cuales poco o nada puede hacer el hombre.

b) Conciencia inmersa. Es típica de las áreas urbanas donde se ha alcanzado un cierto grado de instrucción-información. Se presupone que la ciencia tiene soluciones para la mayoría de los problemas, pero es ajena y externa a estos grupos. Por ejemplo, si se enferman ya no acuden con el curandero, pero no cuestionan al médico; no tienen un sentido crítico, sino que dejan en las manos "de los que saben" la solución de sus problemas, sin comprometerse activamente en ellos.

c) Conciencia crítica. Es la que se aprehende dialogalmente (a través del diálogo) analizando con otros las cuestiones vitales. Es la que permite al hombre rebelarse contra la injusticia creada por otros hombres, la que cuestiona el porqué de los hechos y permite al hombre actuar como sujeto, como artífice de su propio destino. Sin embargo, puede ser muy frustrante, puede conducir, "no a la angustia que es el precio de la libertad, sino a la desesperación que es la consecuencia de no tener ninguna salida o solución viable".

d) Conciencia política. Es la que se forja en la militancia, en la movilización de los sectores populares que luchan por reivindicar sus derechos o por conquistar condiciones de vida más dignas. Es la que propicia la participación social en cualquiera de sus formas.

Proceso del método de concientización y/o temático

Se presentan las fases metodológicas con adaptaciones desde el Trabajo Social.

1. Investigación del área
2. Formación de círculos de cultura con los habitantes del área.
3. Sistematización y codificación de problemas dominantes a través de los círculos de cultura.
4. Tematización problemática.
5. Descodificación temática de la realidad con los habitantes del área para su cuestionamiento y concientización.

153

6. Deducción de temas generadores de concientización, organización, movilización y politización.
7. Acción colectiva para la transformación de la realidad problema.

El aporte novedoso presenta una gran funcionalidad en la práctica del trabajador social latinoamericano directamente en la alfabetización de las clases populares, encaminado al cambio de las estructuras sociales macro. De ello, surgen también, otras experiencias profesionales como los *Modelos Educacionales Integrados* (método MEI).

MÉTODO MEI

Es un conjunto de *modelos educacionales integrados*, basados en la perspectiva teórico-metodológica freireana. Objetivo: la educación como práctica de la libertad.

Sus bases generales son:
- Obtención del universo vocabular (concepto de Freire –véase método de concientización) de los grupos con los cuales se trabajará.
- Selección de las palabras del universo vocabular encontrado.
- Creación de situaciones existenciales típicas del grupo con quien se va a trabajar.
- Elaboración de fichas que ayuden a los coordinadores en su trabajo.
- Preparación de fichas con la descomposición de las familias fonéticas que corresponden a los vocablos generadores.

Fases metodológicas:

1. INVESTIGACIÓN PRELIMINAR
Determinación del programa
Determinación de la problemática
Determinación del universo (sujeto y gran área)
Conocimiento del sujeto
Recopilación de datos
Procesamiento de los datos

2. INVESTIGACIÓN TEMÁTICA
Proyecto y diseño de la investigación
Plan de trabajo de campo
Constitución de equipos
Procesamiento del material registrado
Preparación del directorio o listado temático universal

3. CODIFICACIÓN
Determinación de criterios para la codificación
Elaboración de láminas y material proyectivo
Preparación de guías

4. VERIFICACIÓN
Elaboración de instrumentos de prueba, validez y confiabilidad.
Determinación de los grupos de control y experimentales

5. APLICACIÓN
Programación
Preparación de material
Constitución de los círculos de lectura

6. EVALUACIÓN
Diseño y aplicación de instrumentos de evaluación.

Para ejemplificar estos métodos podemos pensar en las exposiciones de Freire en su libro publicado en 1965, "Educación como práctica de la libertad" (Freire, 1974), en el que explica algunas partes de su metodología: en el grupo se representa gráficamente primero una palabra generativa (codificación), por ejemplo «favela», después se discute la situación existencial vinculada con los sujetos y se interpreta temáticamente (descodificación). Luego de haberse discutido todos los aspectos relevantes aparece una imagen de la palabra clave con sus componentes semánticos, es decir, primero FAVELA y luego, dividida en sílabas, FA-VE-LA. Paso a paso se muestran luego los grupos fonémicos, en este ejemplo FA-FE-FI-FO-FU, luego VA-VE-VI-VO-VU y LA-LE-LI-LO-LU. A continuación, el grupo forma nuevas palabras con esas sílabas.

Freire logra con esta técnica, luego de seis semanas a dos meses, que los educandos estuvieran en condiciones de leer el diario, escribir notas y cartas sencillas y sobre todo discutir problemas de interés local y nacional.

MÉTODO DE INVESTIGACIÓN ACCIÓN PARTICIPATIVA (IAP)

La IAP es una metodología dentro de un proceso vivencial comunitario, en busca de su empoderamiento; aquí se rompe el binomio clásico sujeto–objeto de investigación, es un proceso que incluye, simultáneamente, educación de adultos, investigación científica y acción política, y en el cual se considera el análisis crítico, el diagnóstico de situaciones y la práctica como fuentes de conocimiento.

Implica adquirir experiencias e información para construir un "poder popular" que pertenece a las clases y grupos oprimidos, con el fin de defender los intereses de éstos y avanzar hacia metas compartidas de cambio social en un sistema político participativo. En este contexto, la IAP plantea técnicas útiles como:

• Investigación colectiva
• Recuperación crítica de la historia
• Valoración y aplicación de la cultura popular
• Producción y difusión del nuevo conocimiento

Sus **objetivos** son, según Paloma López de Ceballos (1998):

EXPLICAR, tratar de entender a los actores y su acción.

APLICAR, es investigar para utilizar los datos descubiertos a fin de mejorar la acción.

IMPLICAR, es decir usar la investigación como medio de movilización social, en un compromiso compartido entre el técnico y la comunidad.

Las fases metodológicas son:

1. Previa o básica: conocimiento del medio
2. Elección del tema de investigación-acción
3. Estructuración de la investigación-acción

4. Elaboración de instrumentos
5. Aplicación de los instrumentos
6. Totalización y análisis
7. Codificación y difusión de los resultados, estrategias de acción.

MÉTODO DE MILITANCIA Y COMPROMISO

Llamado también *"modelo radical"* cuya estrategia de la enseñanza promueve, conjuntamente con las poblaciones, una educación politizada y una acción social centrada en términos concretos y problemas de la comunidad. Esta concepción busca capacitar a las poblaciones y redistribuir el poder a la sociedad, concebida como conflictual.

5.6 Metodología científica

Si la etapa de los años sesenta dio un gran cúmulo de propuestas metodológicas, al finalizar el siglo XX se llegó otra vez a grandes reinterpretaciones metodológicas, teóricas y filosóficas, sobre todo por su implicancia en la lectura que desde el Trabajo Social se hace a los nuevos escenarios de contradicciones de la llamada posmodernidad; de la mundialización y el individualismo, de las nuevas formas de exclusión dentro de un sistema de Estado-mercado. Es fundamental reacomodar los procesos de medición y los indicadores instrumentales que dan cuenta del objeto y el sujeto de intervención, para responder a un mundo complejo y segmentado.

Vale decir que el recorrido teórico de los fundamentos y tendencias que han tenido las metodologías, han sido: el pragmatismo, funcionalismo, positivismo, matriz fenomenológica, matriz dialéctica, teoría de sistemas y perspectiva de la complejidad (Barreto et. al, 2003).

A este respecto, es posible que en la profesión no se hayan superado las metodologías tradicionales y la propia visión del

157

actuar instrumental, postergando el conocimiento científico de lectura de lo social a través de la teoría social, y de la práctica rigurosa de la investigación científica.

El modelo a continuación muestra la correspondencia entre la metodología en Trabajo Social y el método científico.

	FASES DEL MÉTODO EN TRABAJO SOCIAL	
FASES DEL MÉTODO CIENTÍFICO ↓	Fase 1: Investigación/Diagnóstico	Fase 2: Intervención
Identificación del problema	Detección de necesidades y problemas	Determinación del núcleo de intervención
Construcción del Marco Teórico	Estrategia, Hipótesis y objetivos	Programación de la intervención
Consecuencias contrastables	Unidad de análisis y variables	Determinación de las actividades de intervención
Prueba de la hipótesis	Recogida/análisis de datos	PROCESO DE INTERVENCIÓN
Conclusiones	Diagnóstico social	Evaluación de la intervención

Fuente: García-Longoria, en cita de Fernández & Ponce de León, 2006

5.7 El proceso metodológico

La *práctica social* que se ejerce desde el Trabajo Social tiene características que le distinguen y le dan sentido de acuerdo al bagaje propio de la profesión: su historia, sus ámbitos, su teoría, su praxis y sus valores; sus maneras de hacer. El término es definido así:

Práctica social. Es la actividad que se orienta a la transformación de las personas como seres sociales y que conduce al cambio de sus relaciones económicas, culturales y sociales. Por tanto, es una actividad transformadora de la persona y de la sociedad, que responde a necesidades concretas, y requiere de un grado determinado de conocimiento de la realidad que transforma y de las necesidades que satisface (Aylwin de Barros, Jiménez, & Quesada, 1982). El Trabajo Social es un tipo específico de práctica social construida desde el contacto cotidiano con la gente. Eso es la base de su riqueza.

Pero si se interviene en lo cotidiano, ¿cómo se alcanza el nivel de abstracción para teorizar? Ese que implica una actividad intelectual de organizar globalmente las percepciones, en conceptos; de ordenar en un proceso lo que haremos en la realidad avasallante. Probablemente haya que recordar a Ander- Egg (1992) cuando menciona las características del pensar científico: no es algo que se obtiene con una técnica, receta o método, "no sólo consiste en razones lógicas y objetivas, sino también emociones, impulsos imaginativos, convicciones filosóficas e incluso pasión" agregaríamos *y sobre todo* pasión. Pasión que tendremos que orientar, para que no estorbe, para que ayude. Para esto sirve guiarse con el proceso metodológico.

El proceso metodológico es la guía o *manera ordenada* de proceder, que orienta sistemáticamente una determinada tarea que pretenda ser científica. Es el vínculo entre la teoría y la práctica.

> El método de trabajo social debe ser tanto el medio para conocer como para transformar, y esto porque los problemas que aborda son a la vez cognoscitivos y prácticos; implícita a su acción está, por ende, la relación teoría-práctica. De allí que el método profesional deba procurar el enfoque científico de los problemas prácticos (Aylwin op. cit)

Es el conjunto ordenado de fases o momentos que organizan la intervención social, así como el instrumental técnico y operativo para realizar el abordaje profesional.

Nos basaremos en la propuesta metodológica de Mendoza Rangel (1990) implementando algunas modificaciones.

Estamos de acuerdo con la autora, en que el quehacer en Trabajo Social no puede hacerse de forma espontánea ni como producto de los lineamientos institucionales, sino como práctica con sentido o visión totalizadora, con una perspectiva teórica y una guía

159

metodológica. De esa postura teórica surgen los objetivos y del planteamiento metodológico se derivan las funciones, que vinculan la teoría y la práctica; estas a su vez originan las técnicas que son las actividades que se realizarán, con el apoyo de los instrumentos.

Mari Carmen Mendoza propone el siguiente modelo metodológico que conjunta la teoría y los objetivos en sentido amplio, con el método, las técnicas y los instrumentos. Veamos el siguiente cuadro basado en esa propuesta:

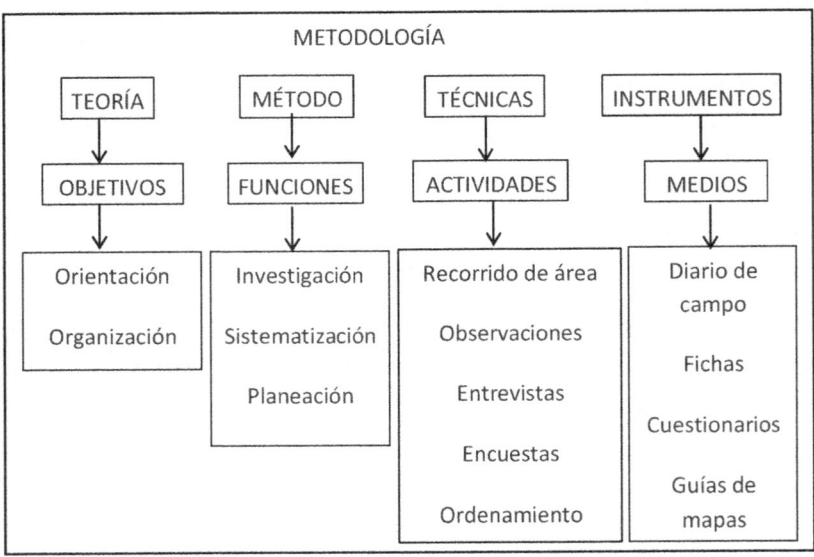

Fuente: Mendoza (1990)

Objetivo del proceso metodológico. El objetivo es acercar el quehacer profesional del trabajador social al conocimiento científico, señalando la relación entre el conocer y el actuar. Es decir, nos ayuda a evitar acciones parcializadas como aplicar encuestas, realizar entrevistas de forma aislada, etc., sin un encuadre que contemple el sentido de la acción profesional.

Existen como se ha venido planteando muchas propuestas metodológicas, sin embargo, un principio organizador general para *hacer* Trabajo Social, es siguiendo el pensar científico a través de la aplicación de un *proceso* de práctica social (entendiendo por ella la transformación implícita), contenido en las siguientes grandes fases: conocimiento, planeación e intervención. Todas ellas dinámicas y siempre interrelacionadas, en un proceso flexible.

I.   CONOCIMIENTO

En esta etapa se considera la INVESTIGACIÓN, que es la primera aproximación al fenómeno y que permite aprehender y comprender el objeto de nuestra intervención.

El desarrollo actual de la investigación científica ha permitido nuevas formas de lectura de la realidad, que plantean una estrecha relación entre el sujeto cognoscente y el objeto a conocer (véase el capítulo IV). Hoy se incorporan formas en que el investigador está inmerso de distintas maneras en la propia realidad que investiga, especialmente en los métodos llamados etnográficos.

En Trabajo Social la investigación siempre es mayormente cualitativa y no cabe duda que el complemento que da la investigación cuantitativa o los datos duros, tienen también tradición en la profesión, al grado de autocalificarnos y descalificarnos en ciertos momentos históricos como *instrumentales.* Creemos que el método mixto que incluya comprensión y medición de la realidad es el ideal.

Comprende distintos grados de investigación. A saber:

* Investigación exploratoria.

Fase de primer contacto con el objeto y sujeto de intervención. Es una acción preliminar para conocer los aspectos más visibles del fenómeno, a través de técnicas como el recorrido de área, los diálogos informales y entrevistas libres. Los instrumentos pueden ser el mapa, la fotografía, el diario de campo, etc.

* Investigación documental y bibliográfica.

Momento en que se recupera la historia del hecho, que ya ha sido investigada y registrada por otros, para dar forma a una construcción teórica que explique el fenómeno particular de manera general. Las técnicas útiles son: revisión y ficheo de actas, textos, documentos, libros, etc.

* Marco teórico.

Se establece una visión de argumentos de autores o teorías específicas que han abordado el tema y que guiará nuestra comprensión del tipo o de la naturaleza de fenómeno que tenemos en frente, que puede ser índole extremadamente variada. Por ejemplo, si se trata de violencia de género, de abandono de menores, de problemáticas de pacientes sometidos a diálisis, de cambio de roles familiares ante la privación de la libertad, de bajo rendimiento escolar, etc.

Nos plantea su estado de problema, sus antecedentes, la definición de términos y conceptos relacionados, los objetivos que perseguiremos en función de planteamientos hipotéticos vinculados al sujeto de intervención y la descripción del problema a investigar y a intervenir.

Es necesario recordar el planteamiento que hace Nelia Tello (2007) en relación al espacio de intervención para ubicar nuestro trabajo: problema, sujeto y contexto; o al que hace referencia también Helen Harris Perlman (1970, p 144) cuando señala el "complejo persona-problema-situación". Esto hace posible que no nos perdamos intentando una investigación profunda del problema como fenómeno, sino sólo lo indispensable para acercarnos al objetivo prioritario: el sujeto y su contexto. La profundización y teorización del problema, les toca a los sociólogos, sin querer decir con esto que nuestra labor sea reduccionista (de impacto micro) o que el trabajador social no esté inmerso profundamente en el problema social, pero creemos que su especificidad como disciplina y profesión está en ese espacio de encuentro entre los tres elementos.

* Marco operacional.

Es el señalamiento de medidas operativas que permitan concretar nuestro quehacer investigativo, Es decir es la elaboración del diseño metodológico de la investigación, en tanto que establece los

162

momentos, las técnicas e instrumentos que habrán de utilizarse para *conocer* el fenómeno investigado.

Incluye la delimitación de la población, selección de la muestra y diseño de los instrumentos de recolección de datos para la investigación de campo.

* Recolección de la información.

Es el trabajo de campo, en el cual se aplican los instrumentos para recabar toda la información. Puede incluir visitas domiciliarias, entrevistas directas (con el sujeto de intervención) o indirectas (con sus redes relacionales), reuniones grupales, revisión de documentos específicos.

II. PLANEACIÓN

Esta etapa requiere de un esfuerzo de estructuración de lo encontrado y su relación con los objetivos que se perseguirán, pero además busca definir las estrategias para la siguiente etapa de *intervención*.

Se compone de la elaboración diagnóstica, la programación, elaboración de proyectos y la sistematización.

* Diagnóstico Social.

Para comenzar a planear las estrategias de intervención es necesario partir de una impresión diagnóstica, que dé cuenta de la descripción del problema de conocimiento y de intervención, a través de un análisis, delimitación, jerarquización y establecimiento de prioridades que se tomarán en cuenta. Por la importancia de este instrumento Intentaremos ampliarlo más adelante en el apartado que corresponde a diagnóstico social.

* Programación.

Es la etapa de descripción del plan general de trabajo, que señala las estrategias de intervención, objetivos y metas que pretenden dar respuesta al diagnóstico elaborado a través del establecimiento del programa de actividades y el o los proyectos a realizar para alcanzar los objetivos planteados. Puede implementarse un orden como el siguiente:

- Objetivo general. Recuperados del marco operacional, afinando los detalles que arroje el análisis y elaboración diagnóstica.

- Objetivos específicos. Son las metas más específicas que posibilitarán el logro del objetivo general.

- Plan de trabajo. Idea general que encuadra globalmente la intervención y que permite tener una perspectiva totalizante del tipo de intervención que se hará y su impacto e incidencia en el problema a atender.

- Programa de actividades. Responde al cómo se realizará el plan de trabajo. Su calendarización, recursos materiales, humanos, administrativos, responsables, actividades, etc.

- Proyectos. Son tareas específicas adyacentes, que en sí mismas requieren de un desarrollo operacional y que persiguen un fin de corto plazo.

* Sistematización.

La sistematización debe considerarse tanto en el momento de la investigación como en el de la intervención, de forma paralela y constante.

Es un proceso de recuperación y organización de la experiencia profesional, que se encamina a provocar una reflexión sobre la práctica realizada para producir un *conocimiento* que permita aplicarlo en futuras prácticas sociales.

Existen muchas definiciones de sistematización, sin embargo, retomaremos algunos elementos que contiene, según el planteamiento de Rosa María Cifuentes Gil (1999) :

- Organización descriptiva, analítica o crítica de información sobre las prácticas realizadas.

- Reconstrucción de experiencias en su contexto, rescatando lo cotidiano.

- Mirada crítica y reflexiva que trasciende las apariencias, para comprenderlas.

- Desarrollo de procesos metodológicos para construir conocimiento.

- Proceso de socialización de conocimientos desde la práctica para captar su significado.

- Producto escrito que incluye una narración de la experiencia, estructurando su reconstrucción.

Es una fase entonces, mediante la cual se establecen las conexiones de la realidad empírica (de la experiencia científica) con la construcción teórica general que nos permite llevar el hecho particular a la acomodación en un sistema de hechos generales. Recordemos que *sistema* implica un dispositivo que abarca un todo articulado, cuyos componentes están interrelacionados entre sí.

Los pasos que implica la sistematización son:

- Descripción. Relato cronológico de acuerdo a como se percibe el objeto de estudio e intervención. Es decir, es la *reproducción* del objeto. Es útil el Diario de campo y otros instrumentos de recolección datos.

- Ordenamiento. Primera organización de la información, detallada por categorías, según el marco teórico asumido. El instrumento útil puede ser el diario fichado.

- Clasificación. Es un planteamiento más general que el ordenamiento, pues parte de un mayor conocimiento de la realidad encontrada. Constituye grupos de fenómenos debidamente cualificados y cuantificados. Se utilizan cédulas, concentrados, codificaciones.

- Análisis. Descomposición de los hechos en sus múltiples aspectos, buscando sus relaciones e implicancias. Se utilizan cuadros, fiches, gráficas, etc.

- Conceptualización. Momento de mayor abstracción y generalización de los hechos, en el que se elabora la estructura del fenómeno y su producto escrito.

III. INTERVENCIÓN

Constituye la tercera fase del proceso metodológico y representa la *acción* aplicando todo el conocimiento que aportaron las dos fases anteriores.

En Trabajo Social existen muchos niveles de intervención, desde las más sencillas que requieren acciones superficiales y espontáneas, hasta las más elaboradas basadas en el conocimiento profundo. Todas son valiosas, en la medida que se valore la necesidad de profundizar para incidir en la transformación de las situaciones y los sujetos.

Es la fase de ejecución de las estrategias planeadas, y la realización de los proyectos establecidos como meta. Comprende la ejecución y evaluación como procesos integrales siempre vinculados.

Es muy importante establecer los mecanismos de coordinación con las partes involucradas y conlleva tener muy presentes los objetivos impuestos a lo largo de todo el proceso iniciado en la investigación, vinculándolos también con los objetivos de la profesión.

Se sugiere revisar también el apartado de "intervención profesional", en las páginas que anteceden.

5.8 Diagnóstico Social

El término *diagnóstico social*, se utiliza en Trabajo Social desde que Mary Ellen Richmond lo introduce en su primera gran obra *Social Diagnosis* en 1917. Fue desde entonces la base del enfoque psicosocial propuesto por Gordon Hamilton en 1951 y desarrollado por Florence Hollis en 1964 (Quiróz & Peña, 1998).

La palabra diagnóstico proviene de la medicina, y etimológicamente del griego "dia" que significa "a través de" y "gnosis" que es "conocer". Sería entonces *conocer a través de*.

Se infiere que su uso en el modelo richmoniano o modelo clínico, esté basado en la idea de salud-enfermedad y de curación, trasladándolo a la esfera social y constituyéndolo en fases del proceso metodológico, junto a "tratamiento social", si bien hoy se usa con otros matices.

Concepto de diagnóstico.

Es un proceso de medición e interpretación que ayuda a identificar situaciones, problemas y sus factores causales en individuos y grupos, que tiene por objeto aportar los elementos fundamentales y suficientes, dentro del proceso de planificación, en vista a la acción transformadora. Se toma en cuenta que existe una *dimensión general* que se refiere a la comprensión global del sujeto en su medio y otra *específica* que se enfoca en su realidad particular (Aylwin de Barros, Jiménez, & Quesada, 1982).

El diagnóstico social nunca es un proceso acabado o estático, y adquiere significado en la medida en que se hace una adecuada contextualización de la situación-problema diagnosticada.

El **objetivo** del diagnóstico es hacer una descripción que aporte los elementos fundamentales y suficientes que expliquen una realidad determinada para programar una *acción transformadora*. Es fácil advertir que su objetivo no es exclusivamente de conocimiento, sino que apunta fundamentalmente a la planificación de la acción. Para realizar la *descripción*, conviene recordar algunas reglas de construcción lógica.

LA DESCRIPCIÓN.

Definir un concepto es dar sus características *definidoras*, diría Sartori (1996), es decir sólo esas propiedades *necesarias* de algo, separándolas de las contingentes. A través de la palabra, se expresa un significado o *definición denotativa*: ideas que muestran algo describiendo sus características y un referente o *definición connotativa*, que implican una valoración respecto al contexto del que se trate. Siguiendo el método lógico tendrían que tomarse en cuenta los siguientes pasos:

- Tratamiento disyuntivo. (Sí-no) qué sí es, descartando lo que no es.

- Tratamiento continuo. Por degradaciones, definir cada vez más específicamente.

 - Organización jerárquica. Acomodo vertical en orden de importancia de las características.

La descripción implica un ejercicio de representación de imágenes a través del lenguaje, que requiere claridad y sencillez y en el que es necesario exponer ideas concretas en lugar de términos abstractos que pudieran tener distintas interpretaciones.

Tipos de diagnóstico social.

Un diagnóstico da cuenta del fenómeno abordado como algo que se *conoce* y se *describe*. Existen diversos tipos de *comprensión* del objeto de intervención dentro de los cuales se pueden distinguir tres tipos de diagnóstico, sobre todo para la atención individualizada (Perlman, 1970):

 * Diagnóstico dinámico. Es la determinación transversal de las fuerzas que intervienen activamente en el complejo persona-problema-situación. Es decir, es necesario comprender el problema que el usuario experimenta cuando acude a Trabajo Social y los múltiples factores que influyen sobre él.

Con el diagnóstico dinámico se intenta determinar en qué consiste el problema, sus factores psicológicos, físicos y sociales, así como qué variables contribuyen a resolver el problema.

 * Diagnóstico clínico. Es la clasificación y apreciación de lo que ocurre enfocándose en el usuario como individuo. Se trata de determinar si la naturaleza de su problemática está determinada o influida decisivamente por su estructura de personalidad o su

propia actuación dentro del desarrollo de sus relaciones sociales. Sobre todo, evaluar si del mismo sujeto depende la solución. Comprende la apreciación cualitativa de su comportamiento funcional. Este tipo de diagnóstico puede ser parcial y requerir de la valoración de otro tipo de especialista.

* Diagnóstico etiológico. Es la comprensión y determinación de las causas y desarrollo de la problemática encontrada, que puede ser reciente o de muy variada evolución. Implica la investigación del origen del problema y su desarrollo causa-efecto-causa. La finalidad de estructurarlo es poder influir en los factores causales para incorporarlos como objetivos de la intervención. Sin embargo, hay que considerar que el diagnóstico etiológico tiene la función de establecer patrones dentro de la historia del usuario, pero esos patrones están sujetos a modificaciones de la experiencia y potencialidades de la naturaleza humana. Lo importante es destacar la naturaleza de cambio, de la intervención social.

Guía de diagnóstico

Lo que interesa describir no es la realidad en forma exhaustiva ni acabada, sino sólo aquellos elementos indispensables para la intervención. Esto implica una guía para el diagnóstico que debe contener por lo menos:

- Una caracterización de la unidad de trabajo tanto en su dimensión interna como en relación al contexto global. Entendemos por unidad de trabajo a los seres humanos, grupos o instituciones que son objeto de la acción profesional.

- Una identificación de los principales problemas existentes y sus relaciones.

- Una especificación de los recursos existentes.

- Una jerarquización de los problemas de acuerdo a criterios determinados.

- Un pronóstico del desarrollo que tendrá la situación si se interviene o no, en relación a estos problemas.

Premisas para elaborar un diagnóstico social.

Se parte de la premisa general de que la realidad de un sujeto es resultado de la relación dialéctica con su medio social, en el cual es necesario que disponga de *elementos básicos* que le posibiliten esa relación de adaptación, enfrentamiento o confrontación, permitiéndole su desarrollo. Estos elementos son las *necesidades básicas,* y su carencia o déficit desencadena una determinada problemática (Quiróz & Peña, 1998).

Es decir, partimos de que el diagnóstico social es la descripción de la realidad de un sujeto social, a través de la lectura de sus necesidades vitales. Ello implica su medición a través de indicadores que proporcionan una guía para la comprensión.

Indicadores sociales. Son variables que muestran conceptos como instrumento de medida comparando la situación actual del sujeto con la totalidad de las Necesidades Básicas. En esta propuesta, se consideran los siguientes, indicando si el nivel es adecuado, deficitario o muy deficitario:

1) INFORMACION. Conoce el funcionamiento de los sistemas públicos que pueden asistirle en sus derechos y obligaciones (como educación, salud, justicia, seguridad social, participación social).

2) HABILIDADES SOCIALES. Se relaciona satisfactoriamente con otras personas de su medio familiar, escolar, laboral, comunitario. Participación social, organizaciones vecinales, políticas, sindicales.

3) AUTONOMIA FISICA Y PSIQUICA. Presenta necesidades especiales que afecten su convivencia y desarrollo o presenta algún tipo de dependencia.

4) RELACIÓN CONVIVENCIAL. Cuenta con una red de apoyo familiar. Funcionalidad familiar, presenta abandono físico, maltrato físico o emocional, abuso sexual, etc.

5) ORGANIZACIÓN DE LA UNIDAD CONVIVENCIAL. Tiene cobertura de necesidades de alimentación, higiene de hábitat, administración económica; comparte responsabilidades en tareas domésticas, cuidado de menores o ancianos.

6) FORMACION. Escolaridad y formación para el trabajo. Considerar si es analfabeta funcional o sin ninguna calificación productiva.

7) TRABAJO. Tiene empleo remunerado, disfruta de condiciones laborales precarias, suficientes o satisfactorias. Tipo de empleo. Dificultades de inserción laboral por discriminación de edad, u otra.

8) NIVEL ECONOMICO. Balance de ingresos y egresos, recursos financieros.

9) VIVIENDA. Cuenta con casa habitación en usufructo, renta o propia. Presenta hacinamiento, promiscuidad, cuarto redondo, estado de la construcción, bienes y servicios necesarios en su vivienda. Zona donde habita.

Capítulo 6

VI. Técnicas e instrumentos en Trabajo Social

Las técnicas e instrumentos son *medios* y no *fines*, por lo que se presupone que se eligen de acuerdo a los objetivos que se persiguen y la metodología específica que se determine. Se presentan brevemente algunos.

6.1 La entrevista

La entrevista es una interacción a partir de una conversación entre dos o más personas con un propósito deliberado y mutuamente aceptado por los participantes, a quienes se les denomina:

- Entrevistador, es quien dirige y conduce la entrevista, su formación le permite relacionarse con las personas y plantear una serie de acciones alrededor del motivo de la entrevista.

- Entrevistado, persona que proporciona y/o demanda información, solicita ayuda o consejo.

La entrevista tiene una doble dimensión: como técnica en sí y como proceso de interacción social.

Como TÉCNICA, es un procedimiento sistemático para cumplir con el propósito planteado. Como PROCESO, desarrolla un conjunto de fases en directa relación con las características y particularidades de los participantes en ella (Cáceres, Oblitas, & Parra, 2001).

Puede ser:

a) Estructurada: toma la forma de un cuestionario, donde las preguntas se hacen siempre en el mismo orden y con los mismos términos; las respuestas pueden registrarse de forma textual o codificada.

b) Entrevista no estructurada: consta en general de preguntas abiertas que le dejan una mayor libertad tanto al entrevistado como al entrevistador. Esta a su vez puede tomar 2 principales formas:

- Entrevista focalizada: en base al objeto de estudio, se configura un listado de temas que deberán ser indagados en el desarrollo de la entrevista. Requiere gran destreza y experiencia del entrevistador.

- Entrevista no dirigida: el entrevistador actúa como "facilitador", induciendo los climas necesarios como para que el entrevistado se exprese con total libertad.

Fases de la entrevista. Consta de la planeación, realización y registro.

Realización:

* **Apertura:** es el momento del arranque o de inicio, para tomar contacto con el otro. Es importante la situación, el ambiente y la empatía. Es un momento más emocional y puede parecer desordenado. Sirve para recordar la duración y el horario de cierre y re-conectar con actividades anteriores. Eventualmente re-acordar el encuentro.

* **Desarrollo:** Es la parte "productiva" y tiene que ver con el contenido específico del encuentro (objetivo pre-acordado); se basa en recoger las significaciones más importantes a través de

preguntas claras, sencillas y hechas de manera que no provoquen conductas defensivas del entrevistado.

* **Cierre:** es el momento de la desconexión. Puede hacerse la síntesis del desarrollo y debería quedar el sentimiento de logro cognitivo y afectivo en los participantes, considerando que se avanza en el entendimiento de la situación o problema que motivó la entrevista. Si se llegó al cierre no conviene forzar decisiones o intentar resolver lo pendiente; en todo caso, re acordar otro encuentro o comunicación alternativa. En todos los casos es conveniente agradecer al entrevistado su tiempo y dedicación a la entrevista ya que accedió a la misma y preguntarle si está satisfecho con el encuentro ahora que terminó o quisiera expresar algún comentario (Acervo, 2002).

6.2 La visita domiciliaria

Es una técnica compuesta, de tipo investigativo y/o de intervención, constituida a su vez de las técnicas complementarias de observación y entrevista, que permite el acercamiento e interacción del profesional con el contexto interno (integrantes de la familia) y externo (grupos y comunidad) de la realidad del sujeto, en su domicilio (Cazorla, 1998). Los **tipos** de visita son:

• Asistencial. Es un medio de vínculo entre las expectativas y necesidades de un grupo familiar y los recursos de una determinada institución. Implica el rol asistencial al apuntar a la satisfacción de necesidades básicas. Riesgo: posibilidad de una relación de dependencia por parte de la familia para obtener beneficios, y por parte del profesional al posible descuido de la autodeterminación. Ejemplo: visita domiciliaria para conocer la situación socioeconómica que acredite la asignación de una pensión asistencial de invalidez o subsidio familiar, entre otros.

- Asesoría técnica. Implica la recolección de información para orientar la intervención realizada por otro profesional y/u otra institución de la red intersectorial. Es una oportunidad para orientar una intervención profesional, que apunte a aminorar la presencia de factores de riesgo. Riesgo: asociación negativa de la técnica con posibles sanciones, producto de la presencia de factores de riesgo. Ejemplo: visita domiciliaria para corroborar situación de riesgo familiar, para ser notificada mediante informes sociales de peritaje judicial.

- Socioeducativa. Instancia participativa de entrega de contenidos, en que la familia en su propio contexto se ocupa de aquellos factores protectores y de riesgo. Los cambios se tornan más significativos, pues se albergan en el escenario real de la familia Riesgo: posibles sesgos al momento de focalizar temáticas educativas, según criterios subjetivos del profesional. Ejemplo: visita domiciliaria para educar en relación a características de la etapa de ciclo vital familiar.

- De intervención. Proceso que favorece cambios de segundo orden en la dinámica familiar observada. El contexto domiciliario entrega información de inmediata utilización en las estrategias de intervención. Riesgo: débil dominio del profesional para manejar contingencias de tipo domiciliario al momento de la intervención. Ejemplo: visita domiciliaria que propicia el cambio de límites difusos entre subsistema parental y fraternal.

- Evaluativa y de seguimiento. Proceso continuo de retroalimentación de estados de avance de la intervención profesional. Se basa en el fortalecimiento del compromiso de la familia con la intervención profesional. Riesgo: la tarea evaluativa pudiera generar tensiones frente al incumplimiento de objetivos planificados o la falta de manejo de contingencias. Ejemplo: visita domiciliaria para evaluar un adecuado ejercicio de rol parental hacia un niño, niña o adolescente.

Fases de la visita domiciliaria:

1. FASE PRELIMINAR. Comienza desde el momento en que es asignada la realización de la visita domiciliaria, lo que puede generarse a causa del criterio de la o el propio profesional, a solicitud del equipo interno de trabajo o a petición de la red intersectorial. Se realiza en el contexto institucional, previo a la salida a campo, teniendo por objetivo preparar los aspectos técnicos y logísticos de la visita domiciliaria, mediante el uso del análisis documental y la entrevista a informantes claves. En este sentido, es de responsabilidad profesional el desarrollar las acciones que apunten a recopilar al máximo de información sobre el caso y su grupo familiar, desglosándose de la siguiente manera:

1.1 En cuanto a información necesaria:

Información básica:

  − antecedentes generales del caso índice
  − antecedentes generales del grupo familiar
  − domicilio (ruta, transporte), teléfonos
  − horarios de ubicación de la familia

Información avanzada:

  − aspectos biopsicosociales coordinados con el equipo interdisciplinario
  − principales problemáticas vigentes
  − historia del grupo familiar
  − análisis de factibilidad de intervención.

1.2. En cuanto a contacto previo con la familia

  − establecer contacto telefónico
  − presentación verbal del profesional
  − socializar los objetivos de la visita
  − confirmar domicilio y ruta de acceso
  − establecer día y hora de la visita

2. FASE DE EJECUCIÓN. El proceso de ejecución de la visita domiciliaria comienza desde el egreso de las dependencias institucionales por parte del o la profesional en dirección al domicilio, incluyendo la observación de la ruta de acceso y la dinámica del sector. Al ejecutar la visita domiciliaria se tiene como objetivo realizar una investigación diagnóstica y/o de intervención en el contexto domiciliario, mediante la aplicación de técnicas de entrevista y observación, entre otras. A su vez, esta fase contempla al menos tres subfases que permiten fluir desde el primer momento de contacto interpersonal hasta la despedida.

Sub-fase social:

- saludos iniciales
- presentación de las y los actores
- contextualización de la visita domiciliaria
- conversación informal respecto a cotidianeidad
- ubicación del espacio adecuado para realizar la entrevista en la vivienda

Sub-fase profesional:

- compartir objetivo de la visita
- escuchar opinión de la familia con respecto al objetivo
- Desarrollo de objetivo de investigación y/o intervención
- Retroalimentación con respecto a la intervención

Sub-fase de cierre:

El cierre permite evaluar el tipo de vínculo establecido entre profesional y las personas durante la visita domiciliaria realizada, la que puede fluctuar entre un alto nivel de confianza hasta situaciones de ruptura entre la relación profesional. Esta sub-fase integra momentos como:

- compartir proyecciones de la intervención profesional: días de atención, fechas de encuentros, resultados esperados de acuerdo a diagnostico preliminar.
- comentarios de cordialidad respecto a cotidianeidad familiar

 — agradecimientos y despedida

3. FASE DE EVALUACIÓN. Esta fase surge al momento de volver a dependencias institucionales para registrar la práctica profesional, y tiene por finalidad evaluar el proceso y resultado de la visita domiciliaria, a través de la sistematización de antecedentes pesquisados, grado de objetivos alcanzados y posibles proyecciones del quehacer profesional. Se constituye en los siguientes momentos:

 — Registro de la visita en documentos institucionales
 — Intercambio de resultados con equipo interdisciplinario
 — Evaluación de las proyecciones de la intervención.

6.3 El diario de campo

Es un instrumento organizativo del conocimiento, elaborado inmediatamente después de la vivencia práctica, por el profesional en trabajo social durante el proceso de intervención. En él se representa la situación real, a través del registro, narración y descripción de lo acontecido en la práctica cotidiana, en la interacción con los sujetos sociales que intervienen en dicho proceso. Su fin es que, posteriormente a su elaboración, proporcione elementos para el análisis e interpretación de la información recabada, a efecto de conformar estructuras explicativas de sistematización de la experiencia.

Contenido: Se destina una libreta especial para registrar información sobre los hechos, tales como:

- Planteamientos obtenidos o escuchados por los informantes
- Anotación de esquemas que permitan posteriormente reconstruir cuadros más formales
- Los sistemas de parentesco y estructura familiar
- La actuación, tanto del trabajador social como de sujetos sociales y de estos para con los profesionales.

- La identificación de la problemática social que prevalece
- La detección y jerarquización de las necesidades sociales manifiestas
- La visualización de alternativas de acción
- La identificación y actuación de los tipos de liderazgo
- Los conflictos entre los distintos grupos sociales
- La identificación de los grupos potencialmente sujetos de intervención profesional.

Estructura del diario

1. Una carátula o portada que contemple los siguientes datos: nombre de la institución, denominación del documento, nombre del profesional, localidad (comunidad en estudio).

2. Datos de ubicación

Fecha (del día de intervención).
Hora (debe anotarse hora de inicio y fin de la intervención en la localidad).
Lugar (donde se desarrolló la acción).
Nota: estos datos pueden anotarse en la esquina superior derecha de la libreta del diario de campo.

3. Descripción

Es el elemento medular del instrumento, es el relato objetivo y cronológico de los acontecimientos, acciones y fenómenos del día como fueron sucediendo. Gracias a la descripción, se caracteriza y transmite el conocimiento, representando la percepción del ámbito externo a través de los sentidos.

4. Comentarios personales

Interpretación donde se incorporan todas las asociaciones, opiniones, puntos de vista importantes que el profesional en trabajo social estime respecto a la descripción.

Recomendaciones

- El diario de campo es personal.
- Utilizar una libreta o cuaderno resistente y exclusivo para este fin.
- El registro de la información debe realizarse inmediatamente después de la vivencia o practica para evitar olvidos.
- El relato de los hechos debe incluir lo pensado, incluyendo juicios, lo actuado y lo observado, sin perder de vista la objetividad de los hechos.
- Debe observar una cronología de los hechos, de acuerdo a los acontecimientos que se van presentando en un tiempo determinado.
- Cuidar la ortografía que se utilice.
- Relatar los hechos desde dos puntos de vista: de los sujetos sociales de intervención y del profesional en trabajo social.
- El relato debe ser descriptivo, cuidando de que no se pierda el contexto.
- Debe analizar, reflexionar e interpretar, a través de su lectura, lo realizado, como un apoyo de retroalimentación, evaluación, sistematización y posible teorización.

6.4 El genograma

También llamado familiograma, es la representación gráfica tanto estructural como funcional del sistema familiar, que por medio de símbolos permite recoger y registrar información, en un momento determinado de su evolución. Representa un instrumento valioso en Trabajo Social porque da una visión rápida y global del grupo familiar. Fue desarrollado por Murray Bowen en 1978 como una herramienta de evaluación para estudiar la complejidad del sistema familiar (McGoldrick & Gerson, 1978).

Sus objetivos son representar:

a) Los componentes de la estructura familiar y
b) Las relaciones familiares

La técnica y símbolos utilizados deben ser aquellos que el profesional considere de mayor significado en la práctica, de acuerdo a los objetivos del registro. Es recomendable que sea simple y corto, utilizando los símbolos estándar porque evitan la confusión y mantienen la claridad, o pueden agregarse otros, pero anotando su interpretación. También debe contener la información necesaria, ser fácil de ejecutar y en corto tiempo.

El contenido básico incluye los siguientes puntos:

1. Dos a tres generaciones, si se considera necesario.
2. Los nombres de todos los integrantes de la familia.
3. Edad de todos los miembros, dentro del símbolo.
4. Muerte, incluyendo la fecha y a veces su causa, si es relevante para el caso.
5. Enfermedades o problemas significativos de los miembros de la familia.
6. Demarcación de los miembros que cohabitan.
7. Fechas de uniones y separaciones, matrimonios o divorcios.
8. En las uniones, se coloca el símbolo masculino a la izquierda y el femenino a la derecha.
9. Los hijos se registran de izquierda a derecha y de mayor a menor.
10. Fuera del símbolo se anota ocupación, escolaridad o enfermedades importantes para el caso.

El genograma puede ser muy complejo dependiendo de la estructura familiar, por lo que es importante que el profesional se familiarice con su elaboración e interpretación, y pueda aprovechar su valor.

A continuación, se presenta un modelo de simbología:

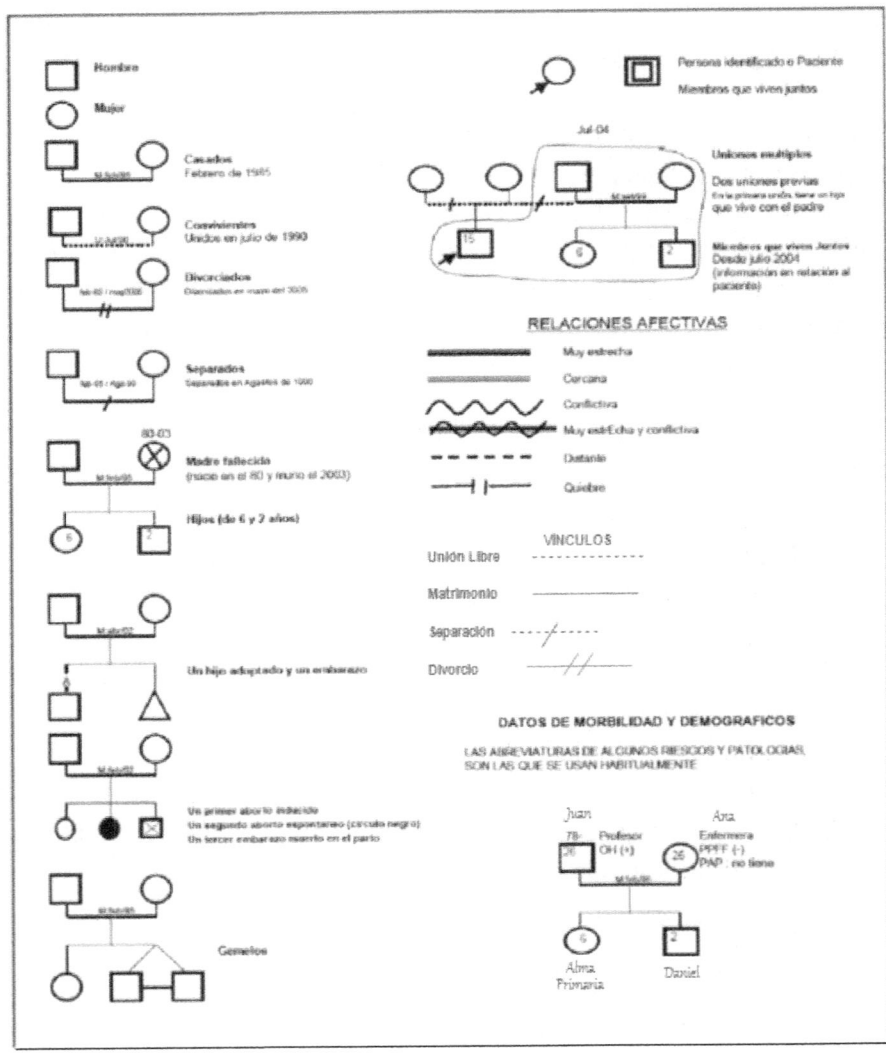

Capítulo 7

VII.   Política social

Las políticas sociales son de importancia central en el ejercicio de la profesión en general, dada su relación con la llamada cuestión social y con la intervención profesional en Trabajo Social, pues configuran entre otras cosas, los espacios de respuesta de la acción social del Estado. Por ello revisaremos algunos conceptos muy básicos en las aproximaciones que se proponen en el presente trabajo.

7.1 El Estado

Un concepto sencillo dice que el Estado es una institución político-jurídica que reclama el poder supremo, sobre un territorio y una población determinados[10].

Para Marx, citado por Marta Harnecker: "el Estado es un aparato autónomo que monopoliza la 'violencia legítima' y cuya principal función es mantener bajo la sujeción de la clase dominante todas las otras clases que dependen de ella [...] es un instrumento de

---

[10] Diccionario Pequeño Larousse ilustrado 2019 México: Ed. Larousse.

183

presión de las clases dominantes sobre las clases oprimidas" (Harnecker, 1978).

Otro concepto representativo es el de Max Weber: es un "instituto político de actividad continuada cuando y en la medida en que su cuadro administrativo mantenga con éxito la pretensión del monopolio legítimo de la coacción física, para el mantenimiento del orden vigente" (Sánchez Azcona, 1986).

Siguiendo a este mismo autor, las **características** del estado moderno son:

- El monopolio de los medios de administración y dominación mediante: a) la creación de un sistema impositivo fiscal centralizado permanente y b) la formación de una fuerza militar estable bajo la autoridad de un gobierno centralizado.
- Un *aparato administrativo* con funciones dentro de una organización técnica.
- El monopolio de la creación de las leyes
- Vinculación de la autoridad con todas las personas de un territorio.
- Uso legítimo de la fuerza física.

El Estado presupone, ante todo, el concepto de nación. No hay Estado moderno que no tenga como base una nación.

La nación es pues, el soporte sociológico del Estado, y el Estado es la nación organizada políticamente a través de sus órganos de poder o gobierno. En consecuencia, el territorio, la población y el gobierno pueden llamarse los supuestos reales o **elementos** del Estado:

Territorio. Todo Estado detenta el poder en un espacio determinado por una división política generalmente reconocida por la comunidad internacional.

Población. La gente que vive en el territorio tiene una relación con la autoridad y es sometida a la estructura del Estado.

Gobierno. Se conforma por una división de poderes (frecuentemente poder ejecutivo, legislativo y judicial) y por niveles de gobierno (en México orden municipal, estatal y federal).

En México las obligaciones del Estado están contempladas en el artículo 25 constitucional (entre otros), que establece su responsabilidad para garantizar que el desarrollo nacional sea integral y permita el pleno ejercicio de la libertad y la dignidad de los individuos y las colectividades. También señala que deberá organizar un sistema de *planeación* democrática de desarrollo nacional. De ahí se deriva la Ley de planeación, que dispone normas y principios básicos para la configuración de estrategias de acción de la administración pública.

Origen y evolución del Estado.

El estado es una instancia que ha evolucionado constantemente desde su origen, a partir de las formas organizativas simples en la sociedad primitiva hasta representaciones muy complejas, pasando por el Estado feudal y hasta el Estado-nación actual. Porrúa Pérez (1999) en su obra *Teoría del Estado* anota los siguientes hechos significativos:

ASIA ORIENTAL. A partir del siglo VIII, aC, surgen sociedades políticas gobernadas por un monarca. La monarquía se perpetuaba hereditariamente, por lo que las familias titulares del poder se les conoce como dinastías imperiales. Después aparece en China el feudalismo distribuyéndose el poder entre el monarca y un grupo de señores feudales.

ANTIGUO ORIENTE. Existieron culturas de gran esplendor como Egipto, Persia, Siria y el antiguo Israel. Se caracterizaron por tener un Estado despótico y teocrático, la capacidad para actuar dentro del derecho público se limitaba a los individuos pertenecientes a una clase o casta privilegiada.

GRECIA. En los siglos VIII al V aC se ubican principalmente dos culturas griegas de gran importancia: la espartana y la ateniense que defendían su independencia. La característica fundamental de la organización política griega en ese periodo es su naturaleza fragmentaria y la centralización del poder de acuerdo a sus enfrentamientos. En general los habitantes de las polis no participaban en un plano de igualdad pues la sociedad se dividía en clases según su riqueza.

ROMA: Desde su fundación que se ubica aproximadamente hacia el año 750 aC, su tipo de gobierno era la monarquía romana y la sociedad se dividía en dos clases: los patricios (aristocracia) y la plebe. Los patricios tenían derechos políticos y al reunirse en diez grupos formaban las curias. En el año 506 aC aparece la República como forma de gobierno y a finales del siglo II aC se registra el ocaso de la República. Se instaura entonces el imperio como régimen monárquico absoluto que perdura hasta la caída de Roma en el 476 dC. En las relaciones con el Estado, existía una esfera de derechos de los hombres, pero limitada ya que el hombre no siempre tenía la calidad de persona.

Se puede inferir que en general en la antigüedad el poder era ejercido sin necesidad de legitimidad, sino por el uso de la fuerza y ligado en general a un mandato divino.

EDAD MEDIA: En esta época, en Europa siguen influyendo las ideas del imperio romano recogidas por Carlomagno, aunque dentro de las comunidades políticas desaparece el *monismo político*, pues hay una descentralización del poder desde el máximo gobernante que en teoría era el emperador o los reyes hacia la base, donde el poder local se ejercía con gran autonomía o independencia por nobles de distintas denominaciones como marqueses, duques, condes, barones y caballeros. Estos a su vez fueron convirtiéndose en señores feudales, dueños de grandes territorios que les daban poder económico dentro de la comunidad política.

ESTADO MODERNO: Ya desde la antigua Grecia Platón expone una estructura ideal de organización política para gobernar, pero se atribuye a Maquiavelo en su obra *El príncipe* (1513), el análisis de las causas de la grandeza y decadencia de las formas de gobierno, así como el concepto realista de Estado como una forma de gobernar.

El Estado en su concepción moderna se deriva de las guerras de finales del siglo XV que impulsaron a España, Francia e Inglaterra a constituirse en fuerzas políticas, económicas y administrativas organizadas. Por lo tanto, el origen del Estado moderno se establece en el período desde el siglo XVI hasta el siglo XVII, durante la transición del feudalismo al capitalismo. Los estados nacionales fundaban su actividad económica y política en los principios mercantilistas en los que asociaban la riqueza con la posesión de metales y, por tanto, con la actividad colonial y el comercio monopólico (Míguez, 2009).

Posteriormente, a partir del siglo XVIII, el Estado Constitucional se desarrolla con base en John Locke, Montesquieu, Rousseau y Thomas Jefferson, con las ideas principales de que debía comprender un orden jurídico, introducir la división de poderes y reconocer la libertad individual sometida al poder del Estado de manera limitada.

La evolución del Estado

La compleja concurrencia entre Estado y sociedad se ha determinado por diversas cuestiones históricas en su evolución, en donde el Estado ha pasado del Estado liberal burgués al Estado social que dio origen al Estado de bienestar y finalmente al Estado neoliberal.

Con la Revolución industrial y la Revolución Francesa en la segunda mitad del siglo XVIII, nace el llamado *Estado liberal burgués*, dando fin a la monarquía absoluta o *Antiguo Régimen*. Recordemos que los valores básicos del Estado liberal eran la libertad, la propiedad individual, la seguridad jurídica y la participación de los ciudadanos en la configuración estatal, mediante el sufragio. Surge entonces el Estado Social, que según García Pelayo (1982) se deriva de un intento de adaptación del Estado liberal burgués a las condiciones sociales de la civilización postindustrial con sus nuevos y complejos problemas, en medio de movimientos sociales como el movimiento obrero, pero también con sus grandes posibilidades técnicas, económicas y organizativas para enfrentarlos.

El Estado social y democrático no sólo no niega esos valores, sino que intenta hacerlos efectivos otorgándoles una base y un contenido materiales. Se pasa así de los derechos formales (aquellos que no tienen una traducción económica inmediata, que no cuesta nada implantarlos, por ejemplo, la libertad, o la igualdad ante la ley) a los derechos materiales (que se realizan mediante un coste económico inmediato, que cuestan dinero como el derecho a un puesto de trabajo, o el derecho a recibir educación). El Estado social se responsabiliza de la *procura existencial* (el *Daseinvorsorge,* del pensamiento alemán) que son las condiciones, situaciones, bienes y servicios que necesita cualquier sujeto en su existencia. Tales elementos se denominan *espacio vital,* compuesto por un *espacio vital dominado* (en el que el individuo tiene dominio) y *espacio vital efectivo* (en donde el sujeto no tiene control o poder de decisión). El desarrollo de la sociedad moderna fue ampliando el espacio vital efectivo, al tiempo que disminuía el espacio vital dominado.

Estado de Bienestar. Conocido también como "Welfare State" (como lo popularizó la literatura inglesa), o como Estado benefactor, se refiere a una dimensión de la política estatal, que tiene como finalidad esencial el bienestar social destinando un presupuesto mayor a los servicios sociales.

Es un concepto político-social impulsado después de la Segunda Guerra Mundial por John Keynes (1883-1946) economista británico, quien propone en su famosa "fórmula keynesiana", el crecimiento económico unido a la distribución de la riqueza y la justicia social; es un tipo de pacto social en el que se estableció un reparto más equitativo de la riqueza, en donde el Estado es garante del bien colectivo dirigiendo sus esfuerzos especialmente a los grupos sociales más vulnerables y en general vigila la satisfacción de las necesidades colectivas básicas como salud, vivienda, educación, etc.

El Estado del Bienestar es una forma de Estado Social de Derecho. Su objetivo es garantizar a la ciudadanía el bienestar social. Sus instrumentos son: 1) la regulación de la economía de mercado a través de la redistribución del ingreso y el pleno empleo, 2) disposición de servicios sociales universales, así como los recursos necesarios para educación, atención sanitaria, vivienda, servicios sociales generales, etc., 3) una red de seguridad y protección a los grupos más necesitados, a través de acciones asistenciales en un sistema social que no admita la pobreza (Montoro, 1997).

El Estado neoliberal. Es un modelo que hace alusión a las viejas posturas filosóficas del liberalismo clásico del siglo XIX sobre la libertad económica, pero llevado a los extremos principalmente en dos cuestiones: el protagonismo absoluto del mercado a través de la extensión de la iniciativa privada y la disminución de la acción estatal.

"[...el neoliberalismo] plantea la existencia de una armonía, que se puede vincular con un silencioso genocidio, donde el mercado, es capaz de eliminar a todas las personas que no tengan la 'capacidad' o 'iniciativa', para sobrevivir" (Esquivel, 2001)

7.2 Introducción al Bienestar Social

Concepto.

El bienestar social es el estado de satisfacción asociado a necesidades sociales, problemas y aspiraciones colectivas que permiten a un individuo o grupo, su desarrollo y calidad de vida, dentro del funcionamiento en la sociedad. Está compuesto de las siguientes dimensiones (Blanco & Díaz, 2005):

a) Integración social: es la evaluación de la calidad de las relaciones que se mantienen con los demás, dentro de un sentimiento de pertenencia.
b) Aceptación social: es la confianza y actitudes positivas hacia los otros y hacia nosotros mismos.
c) Contribución social: creencia en la capacidad propia para aportar al bien común.
d) Acceso a bienes y servicios sociales: posibilidad de disfrute de componentes económicos objetivos.

Indicadores de Bienestar social: Son formas de medir el grado de bienestar social en una población, sobre todo incorporando la comparación con los niveles de pobreza y desigualdad. Para ello se desarrollan instrumentos de medición que reflejen la situación de las personas.

Los indicadores propuestos por la ONU desde la Comisión sobre Desarrollo Sustentable (CDS) en 1995, propone una lista de 134 indicadores tanto sociales, económicos, ambientales como institucionales. Algunos son:

* Equidad: pobreza, igualdad de género.
* Salud: alimentación, estado nutricional, mortalidad (esperanza de vida al nacer), saneamiento, agua potable, acceso al sistema de salud.
* Educación: nivel educativo, alfabetización.
* Vivienda: área disponible por persona, condiciones.
* Trabajo: acceso a empleo, condiciones laborales dignas.
* Libertades humanas.

El bienestar social se considera también un sistema relacionado de instituciones sociales, unificado por valores, objetivos y principios operativos comunes; son los aspectos institucionales que expresan la preocupación colectiva de la sociedad por el bienestar de sus miembros como individuos y en los grupos familiares y comunitarios (Smith, en cita de Cano, 2009).

7.3 Las instituciones en Trabajo Social

La sociedad y el Estado a través de la historia han desarrollado formas de organización en la estructura social, entre las cuales destacan las instituciones.

El concepto de institución implica un conjunto de status (situación objetiva que el individuo tiene en la sociedad) y de roles (conducta del individuo esperada por el entorno social); y una institución es también, a nivel de conciencia social, un sistema de valores y de creencias colectivas. Es decir, se trata de grupos sociales y/o sus sistemas de reglas.

Las instituciones incluyen un grado de conciencia entre los que forman parte de ella y un sistema normativo que las regula, el cual puede ser un sistema moral, un sistema de usos y costumbres o un sistema de normas jurídicas (Fernández & Rozas, 1988).

Características de las instituciones:

Es social, pues está compuesta y dirigida por personas organizadas.

Es histórica, dado que obedece a una realidad concreta en el tiempo y el espacio.

Es compleja, ya que incluye procesos y actividades diversos e interdependientes.

Es concreta, porque es real, existe con un propósito específico.

Los **elementos** indispensables en una institución son: Personas, objetivos, recursos, normas y jerarquía.

Existen distintos tipos de instituciones del Estado y de la sociedad, de tipo económico, político, social, religioso, etc.

Las **instituciones de bienestar social** son aquellas que implementa el Estado para cumplir con sus obligaciones constitucionales de proveer condiciones favorables para el desarrollo de la población y que precisamente se enfocan en la atención del bienestar social y

191

los servicios sociales públicos. Dan cumplimiento a las políticas sociales.

7.4 *Las políticas públicas*

Las políticas públicas son las líneas generales de acción del Estado para regular las relaciones con y en la sociedad, mediante su aparato político y administrativo.

En la actualidad pueden distinguirse, al menos tres áreas de esa acción estatal:

La de Política Económica, destinada a facilitar la reproducción ampliada del capital, ya que el Estado es en teoría, la representación de la base económica de la sociedad; el Estado capitalista interviene en los ciclos económicos a través de las políticas financiera, monetaria, crediticia y del endeudamiento público (*ibídem*). En la actualidad el modelo vigente es de Estado neoliberal que favorece las condiciones de apoyo al mercado en detrimento de las relaciones económicas de los individuos y grupos de la sociedad.

La de Política de Seguridad, destinada a controlar y canalizar los conflictos sociales (Seguridad interna) y los conflictos inter-estatales (Seguridad externa); en este caso, el Estado actúa como expresión político-social de la estructura social dominante.

La de Política Social, donde el Estado procura la atención de las condiciones existenciales de los diferentes sectores sociales con intereses contradictorios, con especial atención en los grupos vulnerables, pero dirigidas al conjunto de la población.

7.5 Políticas Sociales

Es un conjunto de acciones que implementa el Estado a partir de las demandas sociales y del contexto histórico- social, para garantizar los principios de desarrollo y equidad social traducidos en programas de bienestar y desarrollo social integral. Ribeiro en 2000, cita la siguiente definición

> La política social viene a ser la ejecución del concepto de Bienestar Social mediante un conjunto de acciones tendientes a mejorar las condiciones de vida en lo social, económico y jurídico, de manera que se favorezca la igualdad entre ciudadanos. A grandes rasgos implica la mejora de la calidad de vida y de la gestión de las actuaciones políticas, así como de las posibilidades de desarrollo personal [y colectivo] y de satisfacción de necesidades. (Ribeiro, en cita de Brambila, Vizcaíno, Orozco, & Camarena, 2005)

La planeación y ejecución de las políticas sociales consta de cuatro elementos principales:

1) La determinación de los valores que orientarán la acción, como posturas elegidas.
2) El estudio de la realidad concreta que se va a enfrentar.
3) Los propósitos que se perseguirán en esa realidad concreta.
4) La selección de los medios más eficaces y prácticos para el cumplimiento de los propósitos.

La política social reviste una gran importancia ya sea como medio para lograr objetivos de *justicia social y desarrollo humano,* o como un *medio racional para detentar el poder*, principalmente porque:

a) Es responsable directa del grado de Bienestar Social en una población.
b) Es factor generador de paz social.
c) Es instrumento de integración social.
d) Influye en la imagen exterior de un país.
e) Puede instrumentarse electoralmente.

193

Modelos de política social más utilizados (Montoro, 1997 *ibid*):

a) Según sus objetivos.

- Política social de tipo caritativo-asistencial. Dirigido a personas indigentes o en marginación, como caridad sin mayores pretensiones.
- Política social como garantía de control social. Pretende regular las condiciones de ciertos estratos sociales para mantener el orden social.
- Política social como mecanismo de reproducción social. Busca reproducir las condiciones materiales y de clase.
- Política social como realización de derechos sociales de ciudadanía. Reconoce los derechos basados en los marcos jurídicos establecidos.

b) Según diseños administrativos.

- Política social como modelo residual. Se basa en una perspectiva que pondera la iniciativa privada a través de dos instancias: El mercado y la familia. De manera que el Estado queda sólo como última instancia para intervenir.
- Política social como modelo adquisitivo-ejecutivo. Se atienden las necesidades como formas de incentivos y recompensas, por un mérito específico que tiene que ver con la capacidad productiva del sujeto.
- Política social como modelo institucional redistributivo. Se basa en las necesidades y al margen del mercado. Busca restituir y compensar a aquellos sectores sociales en desventaja social.
- Política social como modelo total. pretender eliminar las desigualdades sobre la base de una planificación pública de intervención encaminada a atender unas necesidades reconocidas y socialmente legítimas.

El Trabajo Social y las políticas sociales

El trabajador social establece el vínculo entre las instituciones, los programas y los servicios sociales con la población demandante, operativizando las acciones del Estado a través de sus políticas. Ese espacio de poder, coloca al profesional en un punto en que es indispensable que se definan objetivos profesionales trascendentes que incidan en el bienestar social. Es necesario no caer en esquemas de intervención de simples acciones reproductoras de gestión administrativa entre demanda y recurso, sino contribuir con capacidad teórico metodológica, abordando las necesidades sociales no sólo como carencias materiales sino como problema ético y político integral, en donde la intervención profesional realmente marque una diferencia para las personas.

Natalio Kisnerman ilustra bien el tema:

"Históricamente, hemos aceptado el mandato de trabajar predominantemente con los sectores más carenciados de la población, comúnmente denominados populares. Esto ha marcado el origen político del Trabajo Social y de nuestro rol al asumir la tarea de elaborar y sobre todo ejecutar las políticas sociales. Cualesquiera que sean las dimensiones de la práctica profesional, ella siempre es una práctica política al estar inserta en relaciones de poder" (Kisnerman, 2005).

BIBLIOGRAFÍA

Acervo, E. (2002). *Guía práctica para hacer una entrevista institucional.* Obtenido de Biblioteca de la Escuela de Trabajo Social. Universidad de Costa Rica: http://www.ts.ucr.ac.cr/

Aguayo, C. (2006). *Las profesiones modernas. Dilemas del conocimiento y del poder.* Santiago de Chile: Universidad Tecnológica Metropolitana.

Alayón, N. (1987). *Definiendo al Trabajo Social.* Buenos Aires: Humanitas.

Alexander, J. C. (1992). *Las teorías sociológicas desde la segunda guerra mundial.* Barcelona: Gedisa Editores.

Álvaro, D. (2010). Los conceptos de "comunidad" y "sociedad" de Ferdinand Tönnies. *Papeles del CEIC, 1*(52), 1-24.

Anda, G. (1995). *Introducción a las ciencias sociales.* México: Limusa.

Ander- Egg, E. (1977). *Introducción a las técnicas de Investigación Social.* Bueno Aires: Humanitas.

Ander-Egg, E. (1982). *Metodología y práctica del Desarrollo de la Comunidad.* México: El Ateneo.

Ander-Egg, E. (1992). *Reflexiones en torno a los métodos de trabajo social .* México: El Ateneo.

Ander-Egg, E. (1994). *Historia del Trabajo Social.* Buenos Aires: Lumen.

Ander-Egg, E. (2004). *Léxico del Trabajo Social y los servicios sociales.* México: Lumen Hvmanitas.

Antón, A. (1996). *Universidad Autónoma de Madrid.* Obtenido de http://www.uam.es/personal_pdi/economicas/aanton/publicacion/articulos/t rabajosocial-richmond.htm

Arias, F. (1999). *El proyecto de investigación. Guía para su elaboración.* Caracas: Episteme. Orial Ediciones.

Aylwin de Barros, N., Jiménez, M., & Quesada, M. (1982). *Un enfoque operativo de la metodología del Trabajo Social.* Buenos Aires: Hvmanitas.

Aylwin, N., & Solar, M. (2002). *Trabajo Social Familiar.* Chile: Pontificia Universidad Católica de Chile.

Bachelard, G. (2000). *La formación del espíritu científico.* (J. Babini, Trad.) México: Siglo XXI.

Barbero, J. (2002). *El trabajo social en España.* España: Mira Editores.

Barbero, J., & Cortés, F. (2005). *Trabajo Social Comunitario, organización y desarrollo social.* Madrid: Alianza editorial.

Barreto, C., Benavides, J., Garavito, A., & Gordillo, N. (2003). *Metodologías y métodos de Trabajo Social.* Colombia: Universidad de la Salle. Facultad de Trabajo Social.

Barroso, C. (2001). *Políticas Sociales y Servicios Sociales.* España: El Ateneo.

Bermudez, C. (2010). Intervención social y organizaciones comunitarias en Cali. *Prospectiva*(10), 50-68.

Blanco, A., & Díaz, D. (2005). El bienestar social: su concepto y su medición. *Psicothema, 17*(4), 582-589. Obtenido de Revista Psicothema, Vol. 17 No. 4 pp 582-589.

Botella, L., & Vilaregut, A. (s.f.). *infoley blogspot.* Recuperado el 8 de julio de 2013, de http://jmonzo.net/blogeps/terapiafamiliarsistemica.pdf

196

Brambila, L., Vizcaíno, A., Orozco, V., & Camarena, C. (2005). *El Estado rector de las políticas sociales. El bienestar social de la población en México.* Guadalajara, México: Universidad de Guadalajara.

Bunge, M. (1980). *La Ciencia. Su método y su filosofía* . Argentina: Ediciones Siglo veinte.

Burgos Flores, B., & López Montes, K. (2008). *El mercado laboral de egresados universitarios desde el punto de vista de los empleadores 2008. En Colección Documentos de investigación educativa.* Hermosillo, Sonora: Universidad de Sonora.

Cáceres, L., Oblitas, B., & Parra, L. (2001). *La entrevista en Trabajo Social.* Perú: Geo.

Camacho, M. G., & López, M. I. (2009). *Filosofía.* México: Progreso Editorial.

Campanini, A., & Luppi, F. (1991). *Servicio Social y modelo sistémico.* España: Paidós Ibérica.

Campos, A. (2008). Una aproximación al concepto de "lo social" desde trabajo social. *Revista Tendencias y Retos*, 55-70.

Campos, J.F. (2000). Los factores terapéuticos ¿qué es lo que produce cambios en los grupos? *Cuadernos de Trabajo Social*(8), 205-229.

Cano, L. (2009). Aspectos teórico-metodológicos de las necesidades y problemas sociales. "Concepto de necesidades humanas y bienestar social" . En S. R. (Coord), *Manual de Trabajo Social.* México: ETS-UNAM.

Carballeda, A. (2012). *La intervención en lo social. Exclusión e intervención en los nuevos escenarios sociales.* Buenos Aires: Paidós. Obtenido de Universidad de Costa Rica.

Carvajal, L. (2001). Teorías, categorías y conceptos: una visión interdisciplinaria en el análisis del espacio y el tiempo. *Comunicación. Difundida por Redalyc, 11*(03).

Castellanos, M. (1993). *Manual de Trabajo Social de Casos.* México: Prensa Médica Mexicana.

Cazorla, K. (1998). *Técnicas en Trabajo Social.* España: Alianza.

Chalmers, A. F. (1990). *¿Qué es esa cosa llamada Ciencia? Una valoración del estatuto de la ciencia y sus métodos.* (E. Pérez Sedeño, & P. López Mañez, Trads.) España: Siglo XXI.

Chávez, J. (2009). *La participación social en México. En Manual de Trabajo Social, Sánchez Rosado, coord.* México: ENTS-UNAM.

Cifuentes, R. M. (1999). *La sistematización de la práctica del Trabajo Social.* Argentina: Lumen Hvmanitas.

Cirigliano, G., & Villaverde, A. (1981). *Dinámica de grupos y educación. Fundamentos y técnicas.* Argentina: Hvmanitas.

Comisión mixta del perfil profesional. (2003). *Perfil profesional del trabajador social.* España: Consejo general y áreas de conocimiento de trabajo social y servicios sociales.

Contreras, Y. (2003). *Trabajo Social de grupos.* México: Pax México.

Corvalán, J. (1996). *Los paradigmas de lo social y las concepciones de intervención en la sociedad.* CIDE. Obtenido de Red Académica Uruguaya.

De Gortari, E. (1987). *El método de las ciencias. Nociones elementales* (9a ed.). México: Grijalbo.

De la Red Vega, N. (1993). *Aproximaciones al Trabajo Social.* Madrid: Siglo XXI.

De Robertis, C. (2003). *Fundamentos del Trabajo Social.* España: Universidad de Valencia.

197

De Robertis, C., & Pascal, H. (1994). *La intervención colectiva en trabajo social.* Buenos Aires: El Ateneo.

De Shutter, A. (1986). *Investigación participativa. Una opción metodológica para la educación de adultos.* México: CREFAL.

Dralbe, S., & Riesco, M. (2006, No 55). *Estado de bienestar, desarrollo eonómico y ciudadanía: algunas lecciones de la literatura contemporánea.* México: CEPAL, ONU.

Du Ranquet, M. (1996). *Los modelos en Trabajo Social. Intervención con personas y familias.* México: Siglo XXI.

Echeverría, M. L., & Jacob, R. (1987). *Modelos de intervención que utilizan los trabajadores sociales en instituciones de Bienestar Social en Costa Rica. Consulta electrónica en http://www.ts.ucr.ac.cr/.* Costa Rica: Escuela de Trabajo Social, Facultad de Ciencias Sociales, Universidad de Costa Rica.

Elorza, L. (2008). *Las asociaciones civiles, una alternativa laboral para los egresados de la Escuela Nacional de Trabajo Social de la UNAM.* Tesis, México, D.F.

Escalera, I., & Acuña, O. (2009). *Educación Social. En Manual de Trabajo Social, Sánchez Rosado (coord).* México: ENTS-UNAM.

Escartín, M. J., & Suárez, E. (1994). *Introducción al Trabajo Social I: Historia y fundamentos teórico-prácticos.* Alicante, España: Aguaclara.

Escolar, C., & Travi, B. (2010). Prácticas profesionales, modelos de intervención y proceso de producción de conocimientos. *Trabajo Social UNAM. VI Época*(1), 74-89.

Esquivel Corella, F. (2012). Fundación de la primera unidad académica de Trabajo Social en el mundo. Su contexto emergente en los Países Bajos, siglo XIX. *Revista Reflexiones. Facultad de Ciencias Sociales. Universidad de Costa Rica, 91*(2), 151-162.

Esquivel, F. (2001). *Neoliberalismo y su impacto en el Trabajo Social. La experiencia en América Latina.* Obtenido de Biblioteca de la Escuela de Trabajo Social de la Universidad de Costa Rica: www.ts.ucr.ac.cr

Evangelista, E. (1998). *Historia del Trabajo Social en México.* México, D.F.: Plaza y Valdéz-UNAM.

Evangelista, E. (2011). *Aproximaciones al trabajo social contemporáneo.* México: RIEATS.

Faleiros, V. d. (1982). Política social en la teoría del Trabajo Social. *Rev. Acción Crítica*(Num. 12).

Fernández, A., & Rozas, M. (1988). *Políticas sociales y Trabajo Social.* Argentina: Humanitas.

Fernández, T., & Ponce de León, L. (2006). El proceso de intervención del Trabajo Social con casos. *Acciones e investigaciones sociales*, 49.

Ferrer, A. (1985). *Introducción a la epistemología contemporánea.* Madrid: Tecnos.

Foucault, M. (1993). *Disciplinas y saber.* (S. J. Comp, Ed., & P. Manzano, Trad.) España: Morata.

Freire, P. (1974). *Educación como práctica de la libertad.* Buenos Aires: Siglo XXI.

Galeana de la O, S. (1996). *Modelos de promoción social en el Distrito Federal.* México: ENTS-UNAM.

Galeana de la O, S. (2009). Campos de acción del Trabajo Social. En M. Sánchez Rosado, & Coordinador (Ed.), *Manual de Trabajo Social.* México: UNAM-ENTS.

Gallardo Clark, M. A. (1976). *Metodología básica del Trabajo Social.* Nuevo León, México: Universidad Autónma de Nuvo León .

198

García de Alba, J., & Melian, J. (1993). *Hacia un nuevo enfoque del Trabajo Social.* Madrid: Narcea.

García Pelayo, M. (1982). *Las transformaciones del Estado contemporáneo.* Madrid: Alianza.

García, B. (2007). Los profesionales del Trabajo Social y la ética profesional ante los nuevos retos y necesidades sociales. *Humanismo y Trabajo Social. Redalyc, Vol. 6.*

García, M. (2001). Metodología para un aprendizaje significativo. *Tecnología educativa ILCE,* 18-23.

González Uribe, H. (2001). *Manual de filosofía social y ciencias sociales.* México: Instituto de Investigaciones Jurídicas. UNAM.

Gutiérrez Sáenz, R. (1984). *Introducción al método científco.* México: Esfinge.

Harnecker, M. (1978). *Los conceptos elementales del materialismo histórico.* España: Siglo XXI editores.

Hernández Sampieri, R., Fernández, C., y Baptista, P. (2014). *Metodología de la investigación. 6a edición.* México: Mc Graw Hill.

Herrera Loyo, A. (1995). Trabajo Social empresarial. México, D.F.: ENTS UNAM.

Kisnerman, N. (1981). *Introducción al trabajo social.* Buenos Aires: Hvmanitas.

Kisnerman, N. (1981). *Servicio social de grupo.* Argentina: Hvmanitas.

Kisnerman, N. (1982). *Teoría y práctica del Trabajo Social.* Buenos Aires: Humanitas.

Kisnerman, N. (2005). *Pensar el Trabajo Social: una introducción desde el construccionismo.* Buenos Aires: Lumen Humanitas.

Kruse, H. (1986). *Servicio Social y Educación.* Buenos Aires: Humanitas.

Kuhn, T. S. (2004). *La estructura de las revoluciones científicas.* (A. Contín, Trad.) México: Fondo de cultura económica.

Kusch, R. (1976). *Geocultura del hombre.* Buenos Aires: García Cambeiro.

Lillo, N., & Roselló, E. (2004). *Manual para el Trabajo Social Comunitario.* España: Narcea.

Lima, B. (1989). *Epistemología del Trabajo Social.* Buenos Aires: Humanitas.

Lima, B. A. (1983). *Contribución a la epistemología del Trabajo Social.* Buenos Aires: Humanitas.

López de Ceballos, P. (1998). *Un método para la Investigación- Acción Participativa.* Madrid: Ed. Popular.

Macías Reyes, R. (2012). *El trabajo sociocultural comunitario. Fundamentos epistemológicos, metodológicos y prácticos para su realización.* La Habana: Universidad de las Tunas. Obtenido de Eumed libros.

Marchioni, M. (1997). *Planificación Social y Organización de la Comunidad.* Madrid: Popular.

Martín Serrano, M. (1975). Aplicación de la teoría y el método sistemático en ciencia sociales. *Revista española de la opinión pública, 42,* 81-102.

Martínez Miguelez, M. (2004). *Ciencia y arte en la metodología cualitativa.* México: Trillas.

Martínez, A., & Peralta, L. (2008). Emergencia y desarrollo del trabajo social de grupo: Una aproximación histórica. *Revista Trabajo Social. Universidad Nacional de Colombia*(8), 63-71.

McGoldrick, M., & Gerson, R. (1978). *Genogramas en la evaluación familiar.* Barcelona: Gedisa.

Mendoza, M. C. (1990). *Una opción metodológica para los trabajadores sociales.* México: Humanitas.

Míguez, p. (2009). El nacimiento del Estado moderno y los orígenes de la economía política. *Nómadas. Revista Crítica de Cencias Sociales. En publicación electrónica de la Universidad Complutense*, 22-40.

Mills, C.Wright. (2003). *La imaginacaión sociológica 3a Ed.* México: Fondo de Cultura Económica.

Miranda, A. (2002). *La evolución de México.* México: Porrúa.

Miranda, M. (2003). Pragmatismo, interaccionismo simbólico y Trabajo Social. De cómo la caridad y la filantropía se hicieron científicas. *Tesis doctoral.* Tarragona, España: Depto. de Antropología, Filosofía y Trabajo Social. Universidad Rovira I Virgili.

Moix, M. (1991). *Introducción al Trabajo Social.* España: Trivium.

Moix, M. (2004). El Trabajo Social y los servicios sociales. Su concepto. *Revistas Científicas Complutenses. Cuadernos de Trabajo Social, Vol. 17*, 131-141.

Montaño, C. (1998). *La naturaleza del Servicio Social.* San Pablo, Brasil: Cortez Editora.

Montero, M. (2004). *Introducción a la psicología comunitaria. Desarrollo, conceptos y procesos.* Buenos Aires: Paidós.

Montoro, R. (1997). Fundamentos teóricos de la política social. En C. Aleman, & J. Garcés, *Política Social* (págs. 33-50). Madrid: MacGraw-Hill.

Mora, F. (2012). *Contradicciones en el mundo del trabajo: un análisis de las particulridades y posibilidades para el Trabajo Social en el sector privado del capital transnacional .* Costa Rica: Facultad de Ciencias Sociales, Universidad de Costa Rica.

Palma, D. (1977). *La Reconceptualización. Una búsqueda en América Latina.* Buenos Aires: ECRO/CELATS.

Parra, G. (s.f.). *Escuela de Trabajo Social, Universidad de Costa rica.* Recuperado el en julio de 2013, de www.ts.ucr.ac.cr

Parsons, T. (1998). *El sistema social.* Madrid: Alianza editorial.

Payne, M. (1995). *Teorías contemporáneas del trabajo social.* España: Paidós.

Perlman, H. H. (1970). *Trabajo Social individualizado.* Madrid: RIALP.

Popper, K. (1998). *Los dos problemas fundamentales de la epistemología.* Madrid: Tecnos.

Porrúa, F. (1999). *Teoría del Estado.* México: Porrúa.

Prieto, D. (1999). *El Autodiagnóstico Comunitario.* Ecuador: Belen.

Quintero Velázquez, A. M. (2004). *El Trabajo Social Familiar y el Enfoque Sistémico.* Buenos Aires: Lumen Hvmanitas.

Quiróz, M. H., & Peña, I. (1998). *El Sociodiagnóstico.* Chile: Universidad de Concepción.

Ribeiro, M., López, R., & Mancinas, S. E. (2007). Trabajo social y política social en México. *Revista internacional de ciencias sociales y humanidades, SOCIOTAM, vol. XVII*(núm 002), 175-200.

Ritzer, G. (1993). *Teoría sociológica contemporánea.* España: Mc Graw-Hill.

Rojas Soriano, R. (2006). *Guía para realizar investigaciones sociales.* México: Plaza y Valdés.

Romo, L. A. (1978). *Hombre, ciencia y sociedad.* Ecuador: Ed Universitaria UTA.

Rosselot, F., & Carrasco, E. (1997). Modelos y escuelas de terapia familiar. Mapa histórico de referencia. *Revista Familias y Terapias, Año 5*(8).

Rossi, A. (2008). Organizaciones públicas estatales y no estatales y la práctica del trabajador social. *Revista de Trabajo Social, Plaza Pública*, 126-141.

Ruiz Vinueza, M. (2009). *Introductorio a la Teoría Social.* Ecuador: Independiente.

Russell, B. (1969). *La perspectiva científica*. México: Planeta.

Salcedo, D. (2010). Los fundamentos normativos de las profesiones y los deberes de los trabajadores sociales. *Trabajo Social Global. Publicaciones científicas hipatia, Vol. 1*(Núm. 1).

Sánchez Azcona, J. (1986). *Introducción a la sociología de Max Weber*. México: Océano.

Sánchez, A. M., Mosquera, B., & Fuentes, Y. (Abril de 2012). La prestación de servicios y su incidencia en la calidad de vida: un enfoque desde la relación ciencia, tecnología y sociedad. *Revista Contribuciones a las Ciencias Sociales*.

Sánchez, L. (1991). *Perspectiva sistémica en estudios familiares*. España: Paidós.

Sarramona, J. (2000). *Teoría de la Educación*. Barcelona, España: Ariel.

Sartori, G. (1996). *La Política. Lógica y método en las Ciencias Sociales*. México: Fondo de Cultura Económica.

Schwanitz, D. (2003). *La cultura: todo lo que hay que saber*. Uruguay: Taurus.

Seidman, S. (1995). *El giro posmoderno. Nuevas perspectivas en la Teoría social*. (C. Muñoz, Trad.) Cambridge: Cambridge University Press.

Sen, A. K. (2000). *Desarrollo y libertad*. México: Planeta.

Solana, F., Cardiel, R., & Bolaños, R. (1981). *Historia de la Educación Pública en México*. Mexico: Fondo de Cultura Económica.

Tello, N. (2007). *Apuntes de Trabajo Social*. México: EOPSAC.

Tenorio, R., & Mendoza, C. (2009). *La atención individualizada en el trabajo social. En Manual de Trabajo Social. Sánchez Rosado (Coord)*. México: ENTS UNAM.

Terán Trillo, M. (1990). Perfil profesional del trabajador social en el área empresarial. *Revista de Trabajo Social UNAM*(44).

Valero, A. (1994). *El Trabajo Social en México. Desarrollo y perspectivas*. México: ENTS-UNAM.

Vázquez Aguado, O. (1998). Pensar la epistemología del Trabajo Social. *Alternativas. Cuadernos de Trabajo Social*(Num. 6), 269-286.

Vázquez, O. C. (2004). *Libro blanco de Trabajo Social*. Universidad de Huelva.

von Sprecher, R. (2005). *Teorías sociológicas. Introducción a los clásicos*. Argentina: Brujas.

Watzlawick, P., Beavin, J. H., & Jackson, D. D. (1985). *Teoría de la Comunicación Humana. Interacciones, patologías y paradojas*. Barcelona: Herder.

Weber, M. (1985). *Las dimensiones sociales de la educación. En: De Ibarrola, María*. México: Edicciones El Caballito-SEP.

Zamanillo, T. (1999). Apuntes sobre el objeto en Trabajo Social. *Revistas científicas complutenses. Cuadernos de Trabajo Social, Vol. 12*, 13-32.

Zurita, R. (2012). Propuesta de Objeto e Identidad profesional y una visión sobre Disciplina. Seguir pensando al trabajo social. *Revista Margen*(num 65).

ACERCA DEL AUTOR

Investigadora social con formación en Trabajo Social a nivel técnico y licenciatura. Realizó estudios de posgrado en las áreas de Ciencias de la familia, y Ciencias de la Educación, diplomada en Diagnóstico Social, Salud pública, y Derechos sociales; estudió en la Universidad de Guadalajara, la Universidad Autónoma de Querétaro, entre otras en México, así como en la Facultad de Psicología evolutiva y de la Educación, de la Universidad de Santiago de Compostela, en España. Es autora de varios ensayos y artículos, y  profesora en la universidad pública y privada, en modalidad presencial y Online, desde hace más de una década; con más de 25 años de práctica social institucional en las áreas de salud, salud mental, y trabajo social comunitario en programas de Vivienda urbana, del Sistema de Seguridad Social. Par académico evaluador de los Comités Nacionales Interinstitucionales para la Evaluación de la Educación Superior (CIEES) en el Comité de Ciencias Sociales y Administrativas, en México, y miembro de la Comisión Estatal Interinstitucional para la Formación de Recursos Humanos en Salud (CEIFRHS), del Estado de Querétaro, México.

Made in the USA
Coppell, TX
23 May 2024

32721670R00115